JN126020

独断

宗次流
商いの基本

カレーハウスCoCo壱番屋・創業者
宗次徳二
Munetsugu Tokuji

プレジデント社

はじめに　コロナ禍で再確認した「商売でいちばん大切なこと」

予期せぬ新型コロナウイルス感染の拡大で非常事態宣言が発出され、解除された今もなお、飲食業界は大変な苦境に追い込まれている。私はすでに壱番屋の経営から退いているので、その実情を詳しく知ることはないが、長期間の休業や営業時間の短縮をやむなくされ、売上が半減どころか8割減、9割減になっている飲食店も多いと聞く。

感染の拡大はいつかは収束するだろう。ワクチンが開発され、抗体検査によって免疫の有無がはっきりし、安全であるということが確認できるようになれば、少しずつ以前のような日常が戻ってくるのだろうと思う。しかし、その前提となるワクチン開発や治療法の確立までにはしばらく時間を要することになりそうだ。それまでに何か月かかるのか、何年かかるのかわからないが、収束まで3密を守りながら営業をしなければならないとなると、多くの飲食業者は商売にならないだろうし、廃業や倒産が危惧される。

これは飲食業に限った話ではない。今回の問題が起こってから何人かの経営者と話をしたが、後がないと言う人も少なくなかった。なにしろ先行きが見通せないので、それまで持ちこたえることができるかどうか、皆、不安を抱えているようだ。これから第2波、第3波が来るとなると、大企業もうかうかしていられない。中小零細企業であれば、今の状況が数か月、半年、一年と続けば、ほとんど持たないだろう。ひとまず廃業して再挑戦を期すという選択肢もあるかもしれないが、その決断を下すのも簡単ではないだろう。経営者の皆さんには「まさか」があるのが人生であり経営であると覚悟を決めて、何とか持ちこたえてもらいたいと思っている。

私はすでに壱番屋の経営にはノータッチだが、ココイチの古いオーナーさんたちの中には今でもやり取りをしている人もいるので、今回もいろいろ手紙をいただいたり話を聞いたりしたが、「ココイチは恵まれている」という声ばかりであった。こんな逆風の中にあっても、売上の7割、8割は維持できているという。店舗を閉めることもなく、アルバイトを含めたスタッフの仕事を奪うこともなくてよかったと口を揃えて言っている。会話の終わりには、私に対し「ありがとうございます」と感謝の言葉を言ってくれる。

なぜココイチは売上減少を最小限にとどめることができているのか。いくつかの理由が考えられる。第一に、カレーという日常食を提供する地域密着型の食堂であるということだ。ココイチは現在、のれん分けから始まったフランチャイズの店が8割強ある。オーナーさんは独立した自営業者だ。中には20、30店の店舗の経営をしている人もいる。また、宅配や持ち帰りにも長年力を入れてやってきたことも幸いした。今回は子供さん用のエール弁当という300円の弁当を売り出して、お母さん方に喜ばれているようだ。

売上の急減で、いろいろな飲食店が慌てて宅配や弁当の持ち帰りを始めているが、本来は普段からそういうことを考えておくのが経営者の務めだと思う。経営というのは、社会に対しても、お客様に対しても、関係者に対しても、重い責任を担っているからだ。それだけに、いざという時を見越して、地に足の着いた経営をしておくことが大切なのである。今回のケースに限らず、これからどんな災害が来るかわからない。あるいは、自分が思わぬ病気に見舞われることもあるかもしれない。そういう時でも経営を続けていく体制を構築することが、経営者の責任でもある。

今回のコロナ禍は、事が大きすぎるのと、終息の見込みが立たないという点で想定外と言えるかもしれないが、「まさか」に備えるという意味では、いい教訓になるだろう。これからも経営を続けるのであれば、今までの経営姿勢を再確認する機会として捉えたいものだ。

この騒ぎで私が改めて感じたのは、経営とは経営者の姿勢が一番大事だということである。堅実に、着実に、真面目に、感謝の気持ちを持って心を込めて経営を行う。これはどんな時代が来ようとも変わらないだろう。特に、サービス業、小売業をはじめとする相対でやる商売では、この姿勢が絶対的な基本になる。

商売の手法は時代状況に応じて変わることもあっていい。例えば今なら、客席を間引いて稼働が半分になった状態では商売が続けられないから、その穴埋めのために、宅配や持ち帰りや通販などに力を入れていく。そういう工夫をすることはいいことである。

しかし、経営者が現場主義を貫いていたら、店が繁盛している時に、売上をさらに伸ばす工夫としてこれらのアイデアも生まれていただろう。実際にココイチでは、右肩上がり経営の中、すでに30年前から宅配や持ち帰りを始めていた。その時も「宅配専門店という意識でやろう」という意気込みで取り組んできた。

景気がよくて売上が上がっていると、暢気（のんき）な経営者は「宅配までやるのは大変だ。バイクも調達しなければならないし……」などと考える。要は、宅配なんてしなくても儲かっているのだからいいじゃないか、という姿勢なのである。だが、やる必要のないと思われることをあえてやるのが本当の真心のサービスだと私は思う。事情があって来店できないお客様もいるかもしれない。それならば、こちらからお届けしようと考えられるかどうかだと思うのである。

それはもちろん売上を伸ばすためでもあるのだが、私の場合は「1人で留守番をしているから出かけられない」とか「赤ちゃんがいるから外出できない」というお客様にもココイチのカレーをお届けしたいという思いが強かった。目先の利益だけを考えるなら、宅配する時間があれば1食でも多く店で売ろうと考えるところだが、お客様のことを考えると宅配をどうしてもやりたいと思って導入したのである。
それが続いてきたおかげで、今ではココイチの宅配はすっかり定着している。だから、今回のような非常事態でも、店内で飲食されていた方が宅配や持ち帰りで注文してくださる下地ができていたのである。それが結果的に、売上減少を食い止めることにも繋がっていると思うのである。

自分のやってきたことがすべて正しいというわけではないが、いろいろな方法を模索し、採用することによって、いざという時に慌てなくて済むというのは間違いない。何があっても盤石な経営でありたいから、日頃から信用、資産、売上、社員さんの力量などを積み上げる方法を考え、大事にしてきたのだ。それはサービス業、飲食業の基本姿勢だと思う。そういう姿勢がないと、一度は運よく急場を乗り越えられたとしても、次に災難に遭遇した時にまた同じような断崖絶壁に立たされることになると思う。

私の経営ポリシーは現場主義、お客様第一主義、率先垂範（そっせんすいはん）である。人から何と言われようと気にしなかったし、競合他店が何をしようと興味がなかった。このあたりを指して変人経営者と呼ばれたりもしたのだが、私は自ら現場に出て、お客様やスタッフの様子を自分の目で見て、こうしたほうがいいと判断したことを信じてやり続けてきた。もちろん、その過程では小さな失敗もたくさんしたが、結果的には右肩上がりの経営を続けることができた。

経営のよしあしは、必ずしも一時的な数字に反映されるわけではないと思う。何よりも大事なのは、経営者の姿勢なのである。常に感謝の気持ちを持って、笑顔で一生懸命頑張っていたら、必ず認めてくれる人が増えてくる。「そんなことは言われなくてもわかっているよ」というような基本に徹底的にこだわってやり続け、毎年設定した目標を少しずつでもクリアしていけば、自然と右肩上がりの経営になっていく。そしてそういう経営をしている限り、問題はほとんど発生しない。事実、ココイチはそうであった。それは、私が経営者をしていた時も引退後も全く変わっていない。だからこそ、今般の「まさか」の事態にもいささかも慌てることがないのだ。新聞やテレビでご覧になった方も多いと思うが、今夏、ココイチはカレーの本場インドに進出した。これも経営者の姿勢の表れといえるだろう。現状に満足せず、先を見据えてさらに上を目指そうとするチャレンジ精神は、いかにもココイチらしい取り組みだと私は頼もしく思っている。

本書には、そうした経営の実践を通じて、私が私なりに商売をする人にとって一番大切だと思う考え方や行動をまとめてみた。変わり者の私が行き当たりばったりでやってきたことなので、かなり独特な考えや手法もあるかもしれない。逆に、「こんなことは当たり前だ」と思うことも多々含まれていると思うが、その大切さはコロナ禍においても、コロナ収束後においても、いささかも変わらないと確信している。経営とは継栄、栄え続けるのが経営である。

さらに1つ付け加えるならば、もう一度20代に戻り起業を考えるとしても、私はやはり仕事一途、経営一筋の人生を送るであろうと断言できる。どれほど大変な人生であろうと、経営者としてのいちばんの幸せは経営がうまくいくことだと確信しているからだ。財である社員が育ち、立派な経営者が育ち、自身はもとより多くの人びとや地域社会のお役に立ち、助け合い活動も大いにできるのだから、我が人生に後悔などあろうはずはないのである。

本書にまとめた内容が、現在経営に携わっている方、これから起業を考えている方、仕事でステップアップを図りたい方たちの参考になれば幸いである。

二〇二〇年八月

宗次徳二

独断 宗次流 商いの基本●目次

はじめに **コロナ禍で再確認した「商売でいちばん大切なこと」** 1

第1章 「成功の種」は計画して見つけるものではない

人生は「生まれた境遇」で左右されるわけではない 18
貧しい中からでも「希望」は生まれてくる 20
「一生の仕事」は自分で選んで決まるものではない 22
「ラッキー」をラッキーのままで終わらせてはいけない 24
「儲けるだけ」の仕事では面白くない 26
条件が悪くても儲けを出すところに「商売の面白さ」がある 28

「こだわり」を持てば中身は後からついてくる 30
小さく始めて、「積み上げて」いく 32
やると決めたら「覚悟」を持って進めればいい 34
人生、本気で勝負をかけるなら「早い」ほうがいい 36
一歩を踏み出すために、「やらざるをえない」状況に身を置く 38
「後ろ向き」の転職は不幸のもと 40
起業をするなら人生を「180度変える」覚悟を持とう 42
夢を実現したいのなら、まず「実現可能な目標」を持つことだ 44
「最初に失敗を重ねる」ほうが商売はうまくいく 46
「何もない」からいろんなチャレンジができる 48
「早起き」は百利あって一害もない 50
目標を達成したければ「早起きを続ける」に限る 52
経営者は仕事を「趣味にする」のがいい 54
「常に上を目指す」のが経営者の務めである 56
経営者は「大雑把より微細」なほうがいい 58
経営者に必要なのは能力よりも「感謝の姿勢」である 60

第2章 「基本の基本」を大事にすればすべてうまくいく

「根本精神」を大切に守れば必ずうまくいく 64
明日の経営のヒントはすべて「現場」にある 66
お客様からの「クレームは財産」である 68
早起きと掃除で「健全な企業風土」を育てる 70
心を込めた掃除を「半年」続ければ、売上は必ず回復する 72
「いい店にしよう」と思うほど、問題は尽きることなく現れる 74
お客様のニーズに「きめ細かく」対応する 76
繁盛させたければ「お客様の声」に耳を傾けること 78
判断に迷ったら「お客様を第一に」考えてみる 80
プロとしての自覚は「実践」の中で育まれる 82
お客様と交わした約束は絶対に守るのが「プロの仕事」 84
成功の決め手は自社の商品に「絶対の自信を持つ」こと 86

「万人向けの味」だからこそ飽きずに何度も食べたくなる 88
うまくいっている時ほど「明確な目標」を持とう 90
「笑顔」が最大のトラブル防止策になる 92
経営者が「率先垂範」してお客様への感謝を示す 94
「制服姿」で現場にいる経営者が一番格好いい 96
仕事に全身全霊を傾けると「アイデア」が浮かんでくる 98
誰よりも没頭して「働く喜びを実感」できれば一流になれる 100
「交友関係」に時間・お金・体力を使うのはもったいない！ 102
たまたま成功した結果は、後からの「失敗のタネ」になる 104
経営は「人に頼らない」ほうがうまくいく 106
思いや情熱の大きさが企業規模の「器」になる 108
目標は「なにがなんでも必達」しなければならない 110
経営も人生も「人間性」がすべて 112
自社の社員に「絶大な自信」を持てるか 114
業績を上げ続ければ「この会社にいたい」と思う社員が増えてくる 116
長続きの秘訣は、決めたことを「毎日やる」こと 118

第3章
「真心の経営」を実践する

利益の少ない商売ならば、より一層「心」を込めよ……122
「社用車」を見れば、会社の経営姿勢がわかる……124
経営のよしあしは「数字ではなく姿勢」にある……126
日本一の標語『お客様、笑顔で迎え、心で拍手』……128
「等級付け」することで「自分の実力を客観視」できる……130
より高いレベルを目指すために「評価はあえて厳しく」する……132
見習い期間に必要なのはただひとつ、「強い意志」である……134
苦労を乗り越えるところに「感謝の気持ち」が生まれる……136
加盟店を任せる条件は「誠実」「意欲」「堅実」「生業」……138
お客様が求めているのは「満足」することである……140
出血サービスをする前に「心のサービス」を徹底する……142
経営の素人だからこそ「ユニークなビジネス」が生まれる……144
じっくりでいいから「成功事例」を積み上げていく……146

「スタッフの人気」でお客様に来ていただくような店にはしたくない 148
経営者こそ、「たった1人で」仕事を楽しめる 150
「過度な値引き」は社員を疲弊させ、サービスの質を落とす 152
値下げしなくても「価値を認めていただける商売」をすればいい 154
「社員の心」をつかまないと右肩上がりは考えられない 156
「公明正大」であることは経営者の基本である 158
長持ちするのは「真面目でコツコツ」続けられる人である 160
外国人労働者の「やる気を引き出す」には、
豊かになる方法を教えてあげればいい 162
店舗拡大をしつつも「失敗店を出さない」ことが大事 164
地域社会の役に立ってこそ「商売をする意味」がある 166

第4章

どんな場面でも切り抜ける「宗次流経営論」

経営は「継栄」でなければ意味がない 170
「シンプル」に考え、ただ「ひたすら実行」する 172
まず「実行」してみる、そうすれば「結果」はすぐに出る 174
決算書が読めなくても「増収増益」であれば大丈夫！ 176
なぜ「値上げ」をしてもお客様の心は離れないのか 178
経営者が身を削ってやれるかどうか、それが「成功と失敗の分かれ道」になる 180
仕事が面白ければ「無休・長時間」でも平気で働ける 182
経営者は「上位2割の社員」を動かせ！ 184
経営者の本気が部下に伝われば無理なく「片腕」が育つ 186
成長の原理は「常に目標を追って必達する」こと 188
増収増益ができないのは経営者の「よそ見」が原因である 190

安定経営の秘訣は「情熱を注いで太い幹を育てる」こと　192
銀行との付き合いでいちばん大事なのは「約束の厳守」である　194
すばらしい後継者に恵まれることは「経営者最大の喜び」　196
前に進むためには「執着しない」ことが大事　198

第5章
成功のためになくてはならない「助け合いの精神」

自分のためではなく、「人のために」お金を使う　202
企業活動は「地域社会の支え」なしには続けられない　204
「余裕がない」は逃げ口上でしかない　206
社会貢献活動を行うことは「企業の義務」である　208
「シャツは980円、腕時計は7800円」で十分!　210
経営で手にしたお金だからこそ「世の中のため」に使いたい　212

「ゆとり1%」の寄付から始めてみる……214
大事なのは「できるところから、今すぐ始める」こと……216
「他人」に求めるのではなく、「自分」に求める……218
すべては「共存共栄」の精神で……220
「心の姿勢」がよくないとよい人生は送れない……222
引退後の人生は「人のため、地域のため」をテーマにする……224

おわりに　**今こそ「経営者の社会的役割」が問われている**……226

第1章
「成功の種」は計画して見つけるものではない

人生は「生まれた境遇」で左右されるわけではない

自分の人生は自分で切り開いていく、それが世の中のルール

私は終戦から間もない昭和23年に私生児として生まれ、施設に入れられた。3歳の時に雑貨商と貸し家業を手広く営む養父母が私を児童養護施設から引き取ってくれた。裕福な生活が待っているはずだったが、養父がギャンブルにのめり込み、夜逃げ同然に家を空け渡し、業を煮やした養母はやがて養父のもとを去った。それからは養父と2人、極貧生活を送った。電気や水道が使えない生活が15歳まで続き、アパートの家賃が払えずに廃屋を転々としていた。想像を絶する極貧生活だった。

しかし、**私は一度も自分が不幸だと思ったことはない**。養父は私の唯一の家族だったから好きだったし、よく言うことを聞いた。養父の喜ぶ顔が見たくて、言いつけられるままタバコの吸い殻を拾い、競輪場に連れて行かれれば当たり車券が落ちていないか必死で探した。

暢気(のんき)な性格だったのも幸いした。今もそうだが、何か悪いことが起こっても、**「世の中にはもっと大変な人はいっぱいいるのだから」**と無理なく前向きに思えるのだ。

生きていくのは大変なことだが、人生は生まれた境遇で左右されるわけではない。結局は、自己責任。**自分の人生は自分で切り開いていくしかない**。それが世の中だと思えたから、経営者になっても自分のやり方を貫き、脇目も振らず働き続けることができたと思うのである。

貧しい中からでも「希望」は生まれてくる

出会いを大切にすれば人生は豊かなものになる

小学3年生の時、蒸発した養母が名古屋で1人暮らしをしていることがわかり、養父とともに夜行列車で名古屋に向かった。大都会の6畳一間のおんぼろアパートで、束の間の親子3人の生活が始まったが、1か月も待たずして養母はギャンブル狂の養父のもとを離れた。貧乏暮らしは相変わらずで、私は**15歳になるまで電気のある生活を知らなかった。**

中学2年の時にバレーボール部に入った。バレーボールは面白く、私は熱中した。その傍ら、アルバイトにも精を出した。毎年冬休みになると、1週間泊まり込みで朝早くから米屋で正月用の餅つきをして働いた。過酷な仕事だったが、これが私の早起き人生の原点となった。

高校は働きながら定時制に通うつもりだったが、運よく公立高校に合格できた。この時、学校に提出する戸籍謄本を見て初めて自分が孤児であったことを知ったのだが、血の繋がりなどどうでもよかった。私を引き取って育ててくれた養父母には感謝の気持ちしかない。

高校時代は級友の父親が営んでいる豆腐屋で毎朝アルバイトをさせてもらい、給料で中古の録音機を買った。メンデルスゾーンのヴァイオリン協奏曲と運命的に出合い、クラシックに夢中になった。こうした経験をして思うのは、**苦しくてもマイナス思考にならず、日々を懸命に生きていれば、そこから希望が生まれ、人生は豊かになりうる**ということである。

「一生の仕事」は自分で選んで決まるものではない

不動産業から喫茶業に転身、さらにココイチを創業

高校卒業後、私は新聞の三行広告で見つけた不動産仲介会社に入社した。すでに養父は亡くなり、再会した養母とも離れて暮らしていた。当時の私は将来の夢を描くよりも、なんとか自力で生活していかなければという気持ちだった。

その会社では、主に大企業の社員さん向けの土地家屋の斡旋をした。営業センスのかけらもない私に営業職が向いているとは思えなかったが、優良な土地情報を足でコツコツ集め、お客様の信用を得るようになった。20歳の時に宅建資格を取得し、**将来は独立して不動産屋を開業しようと目標を定めた**。そのためには住宅建築の基本知識を身につける必要があると考え、大和ハウス工業の名古屋支店に転職。ここで人生最高の出会いとなる妻・直美と知り合った。社交的でしっかり者の彼女に一目ぼれした私は、2回目のデートで結婚を申し込み、2年の交際を経て結婚を承諾してもらった。

私は計画通り不動産業を開業したが、妻が始めた喫茶店「バッカス」の開店を手伝った時、**一瞬にして客商売の面白さに取りつかれてしまった**。私は早々に不動産屋を廃業し、これぞ自分の天職だと直感した喫茶業に転身。その後、カレーハウスCoCo壱番屋（ココイチ）を創業することになる。かくのごとく**計画してもその通りにはいかないのが人生**というものだ。

「ラッキー」をラッキーのままで終わらせてはいけない

目標を持って前進していくことがよい人生につながっていく

私は一時期、施設で育った。施設の中にいれば様々な援助があり、物質的にはさほど困らないが、社会に出ると途端に厳しさを感じることになるようだ。施設は高卒18歳で出なければならない。そこから自分で家賃を払って自活するのはなかなか難しく、住み込みで働くというのも厳しいものがあるという。

そんな中で自分の興味があるテーマを追求するのは容易ではない。しかし、どんな境遇であっても、**しっかり生きていくには目標を持つこと**だ。小さな目標でもいい。それに向かって前進し、**自分で道を切り開いていく。そういう覚悟を固めることが大事**なのだ。

私の場合は、たまたま不動産屋に就職できたのがラッキーだった。転職した大和ハウスで今の妻と知り合えたのもラッキーだった。妻は明るく社交的で、私にはないものを持っていた。そんな性格だったから、「喫茶店を始めようか」という話になった時もすぐに賛成してくれた。以来ずっと二人三脚で仕事をしてこれた。これもラッキーなことであった。

大切なのは、**ラッキーをラッキーのままで終わらせない**ことだ。少しうまくいくと気を抜いてよそ見をする人が多いが、**信念を持って一筋に取り組む**。独断かもしれないが、それが人生をよきものにしてくれると私は固く信じている。

「儲けるだけ」の仕事では面白くない

楽にお金を稼げる仕事より、大変でも面白い仕事を選ぶ

私が喫茶業に移ったのは不動産業がうまくいっていなかったからではない。不動産仲介業をスタートさせた昭和48年当時はまだ景気もよく、田中角栄氏の「日本列島改造論」の発表で空前の土地ブームが起こっていた。マイホーム取得を考えるサラリーマンも多く、独立開業に不安はなかったし、実際に契約は順調にとれた。

借家・アパートの仲介は1件の成約で2万〜3万円の手数料になった。一方で私は銀行と交渉して資金を借り入れ、建売住宅を建設して1年間で4棟を販売した。銀行への返済を引いても粗利が200万円ほど残った。ひと月10万円もあれば人並みの暮らしができた時代だから、2人で暮らすには十分な収入だった。私は気楽な日々を過ごしていた。**朝は9時頃に起き、仕事の約束がない日はパチンコ屋などで暇つぶしをしていた。**

ただ、不動産業は景気の影響を受けやすく、先が見えないリスクがあった。だから、それとは別に日銭を稼げる商売をしてみようかという話になり、妻も乗り気だったので「バッカス」という喫茶店を始めたのである。喫茶店の仕事を手伝ううち、私は接客業の面白さに目覚めてしまった。**汗水たらして働く必要のない不動産業とは全く違う世界だったが、私にとって接客業は働く面白さにあふれていた**のである。

条件が悪くても儲けを出すところに「商売の面白さ」がある

お客様が足を運びたくなるサービスで立地の悪さを挽回する

バッカスは地域密着の喫茶店だった。どこでもいいからすぐに始められる場所をという条件で店舗を探し、市営住宅とか町工場が乱雑に立ち並ぶ町はずれに建築中のマンションの1階に17坪の物件を見つけた。決して好立地とはいえない生活道路沿いの三流立地だった。

しかし私たちは、他の物件と見比べることもなく、誰にも相談せず、いくらの費用がかかるかわからないまま、わずか1分で「ここにしよう！」と決断した。変わり者の上にせっかちな私は、何しろ早く決めたかったのだ。**後のことは何も考えなかった。考えたところでその通りに事が運ぶわけではないからだ。**立地で選べばいい物件はなかなか見つからないし、そもそも信用も実績も資金もないのだから、そんな物件が借りられるわけもない。大事なのは、お客様がわざわざ足を運んでくださるような心のこもったサービスを提供することだと考えた。

この考え方はカレーハウスＣｏＣｏ壱番屋（ココイチ）を出店する時も変わらなかった。立地が悪くても、自分たちの努力を積み上げてお客様に認めていただき、3年後に地域一番になればいいと考えた。最初から一流地に出店してうまくいっていたら商売を甘く見ていたに違いない。**二流地、三流地でも努力工夫をしてお客様を増やしていく。そういう商売のほうが断然面白い**と思うのである。

「こだわり」を持てば中身は後からついてくる

絶対の自信を持てるものがあるか、やり続ける覚悟はあるか

行き当たりばったりの経営が一番いいと私は常々言っているが、**中身は超が付くほどのこだわりを持って**経営に当たってきた。現場主義、お客様第一主義、率先垂範——私はこの3つに頑なにこだわり続けた。これを続けようとすると本当に疲れ果てるのだが、半面そこが面白い。この3つを徹底すると、会社も社員もお客様もみんながよくなるのだ。

一般論で言えば、行き当たりばったりはよくないと言われる。とりわけ経営となると、昔も今も、行き当たりばったりを肯定する人はあまりいないだろう。しかし、現実を見れば、**どれほど綿密に計画を練って実行しても、その通りに行くことは少ない**のではないだろうか。要は、身を粉にして心を込めて頑張ればよい。お客様第一の現場主義を貫けば必ずうまくいく。

だから、自分に何か1つでも絶対の自信を持てるものがあって、それをやり続ける覚悟があるのならば、すぐに始めればいい。逆に、それがなければ新たなことにチャレンジするのは諦めたほうがいい。たとえ起業しても、中途半端な気持ちなら皆を不幸にするだけだからだ。

人生、チャンスはそう何度もやってくるわけではない。だから、その気になった今、パンの耳を食べる生活が続いてもかまわないという、本気でやり続ける情熱があるのだったら、**徹底的にこだわって明日にもチャレンジしてみる**ことだと思う。

小さく始めて、「積み上げて」いく

何もないところから道を切り開くことを喜びとする

カレーハウスＣｏＣｏ壱番屋（ココイチ）１号店は、幹線道路から中に入った店の横と裏は田んぼというような場所にオープンした。そんな場所だから、お客様はココイチのカレーを食べたいと思ってきてくださる方が大半だった。そのため**自分たちの力で売上を作っていくという喜び**があった。売上も最初は分母が小さいから、年に10％、20％と面白いように伸び、数年で坪当たりの売上が地域一番の繁盛店に成長した。**道なき道を切り開いてきたという実感**があった。

最初から年商１００億円を目指したいというのであれば専門家の知恵も必要だろう。しかし、私たちの創業店は月商70万円からスタートし、日商６万・月商１５０万を達成したら２号店を出そうという目標を立てていたので、コンサルタントなど必要なかった。むしろ、周りからは「いつまで続くかわからない」という見方をされていたほどだったのだ。

でも、１年頑張ったら３号店まで増えた。その時は10店持てたらすごいなと夫婦で話していたが、その目標は１年半後に達成した。そこからだんだん増えて現在にいたるわけである。だから、どういう経営をしてきたかと聞かれても、成り行きでやってきたとしか答えられない。結果的には、**最初は小さく始めて積み上げていったのがよかった**と思うのである。

やると決めたら「覚悟」を持って進めればいい

失敗することを恐れるより、やらずに後悔することを恐れる

私は非常にせっかちな性格である。仕事に関することだけではない。話をするのも速いし、食事も、階段の上り下りも、掃除をしている時のほうきの動かし方も、身の回りすべてにおいてせっかちなのである。結婚や起業といった人生を左右するほどの大きな節目となる出来事ですら深く考えず直感で決断し、行動してしまうのだから、これ以上のせっかちもあるまい。

これは元々の性格もあるのだが、経営者として長年現場にいたことで一層拍車がかかった。特に私のような創業経営者タイプは会社の中ではお山の大将だから、わがままな面もある。気になることがあると後先考えずに口に出すし、社員に対して常にテキパキした行動を要求してしまう。

その結果、もちろん**失敗することも多いが、失敗は取り戻すことができる**。何よりも**やらずに後悔するのが嫌**なのである。行動してみないことには失敗すらできないのだから。

要するに、大切なのは覚悟なのである。経営に人生を懸け、わが身を捧げる**覚悟を固めれば、拙速を恐れる必要は全くない**。日常の細かなことでも人生を変える大きな決断でも、せっかちに進めればいいのである。

人生、本気で勝負をかけるなら「早い」ほうがいい

「ここがチャンス」と思ったら、まず一歩を踏み出してみる

人生は何事もタイミングが大事である。この先に何度もチャンスが来るとわかっていれば、1回や2回のチャンスを逃してもいいかもしれない。しかし、先のことは誰にもわからない。だからこそ、**ここぞというチャンスがあれば人生最大のチャンスと思い、積極的にトライしてみる**ことが大切だ。

条件が揃ってからスタートを切ろうなどと考えていると、いつまでもスタートは切れない。だから、まず動いてみる。私が順調だった不動産業をスッパリとやめて喫茶業に移ったのも、繁盛していた喫茶店を売却してカレー専門店に懸けようと考えたのも、現状に執着せず、また満足することもなく、「ここがチャンスだ」と思ったからである。

行動する時に難しく考えることは何もない。どうせわからないことばかりなのだ。いくら事前に本を読んで勉強していても、実際に始めてみるとその通りにいくことはほとんどない。先を憂（うれ）えるより、**まず一歩を踏み出してみる**ことである。

ただし、スタートを切ったら、その後は徹底してお客様を大事にし、現場を大事にすることが絶対に欠かせない。そうすればいろんな成功のヒントが得られる。それと同時に、**誰にも負けないくらい一生懸命働き続ければ、心配しなくても結果は必ずついてくる**。

一歩を踏み出すために、「やらざるをえない」状況に身を置く

「I（いきあたり）B（ばったり）S（システム）」で、まず始めてみる

「いいことをやり続ける」ことの大切さはわかるが、踏み切るのがなかなか難しい。そんな時に一番効果があるのは、**やらざるをえない状況に自分の身を置く**ことである。例えば、私は今でも1年３６５日、毎朝午前3時55分に起きるが、この早起きのきっかけは喫茶店を開いたことだった。喫茶店の開店時間が午前7時だったので、通勤や準備の時間を考えると、否応なく5時30分には起きなければならなかったのである。また、壱番屋の社長時代も、お客様のアンケートはがきを読む時間を確保するために早起きをする必要があった。

私は「ＩＢＳ」ということをよく言う。「Ｉ（いきあたり）Ｂ（ばったり）Ｓ（システム）」を略した造語である。「いきあたりばったり」とは、「いい加減でいい」という意味では決してない。目の前のことに集中して、一日一日を全力で生きるということである。

完璧な計画を立てようとして、あれやこれやと取り越し苦労を重ねるよりも、まず始めてみる。そうすると、必要なことはどうしてもやらざるをえなくなるのである。

考えすぎず、計画しすぎないというのも、初めの一歩をスムーズに踏み出すひとつのコツになるのではないかと思っている。

「後ろ向き」の転職は不幸のもと

転職するのなら自分にプラスになるかどうかを見極めよ

よりよい環境の下で働きたいという理由で転職を重ねる人がいる。その気持ちはわからなくはないが、自分の希望を満たしてくれる会社はそう簡単に見つかるものではない。結果は未来にしか出ないから転職してみないと成功か失敗かはわからないが、求人があるからといって安易に転職を繰り返すのは危ない。ちょっと不満があると「この会社は合わない」と考えてしまうようになるからだ。そういう姿勢は、自分を成長させるためにも好ましくない。

転職してステージが上がっていくのならいいが、**後ろ向きの転職は不幸しかもたらさない。**向き・不向きとよく言うが、最初から自分に向いた仕事がわかるわけではないし、やりたい仕事に就けるわけでもない。

要は**自分の力でスキルを上げて、必要とされる状況を作る**ことだ。そうすれば仕事も面白くなってくる。転職するにしても、現状よりプラスにならなくては意味がない。そのためにも、社内外で評価を高めるような仕事をすることが大切なのだ。

この先、市場がどんどん縮小されるような業界にも生き残る会社はあるし、多角化を図って伸びていく会社もある。ブラック企業ならばすぐに辞めるのが得策だが、そうでないのなら、**特に若い人は歯を食いしばって頑張ることだ。その体験は必ず将来の糧**（かて）**になる。**

起業をするなら人生を「180度変える」覚悟を持とう

命がけの覚悟があれば、経営は絶対に成功する

創業支援セミナーの講師に呼ばれると、話の冒頭で私はいつもこんなふうに切り出している。

「創業・起業なんてつまらないことを考えるのはやめなさい。不幸になります。並大抵の努力では成功できませんよ」

実際、どんなに自信がある人でも、最初は売上が予測を大幅に下回る。起業というのは、多額の開業資金を用意して、押し寄せてくる苦難・苦労を買うようなものなのだ。わざわざそんなことをする必要もないだろう。だから、「やめなさい」と最初に忠告しているのだ。

ただし、人生は一度きり。これまでの**人生を180度変えるほどの決意**があって、どんなに苦しくても音を上げず、確固たる目標を持って努力し続けることができるのならば、勇気を持って明日にでも起業してみればいいだろう。趣味も友人も捨て、休日も返上してでも成功してやろうという強い意志があれば、初めは苦労しても、そのうち必ずうまくいくようになる。

ただし、うまくいきかけてからが本番だ。そこからより一層経営に身を捧げてもらいたい。**命がけの覚悟があれば、経営は絶対に成功する。**すると人生はまさに180度転換する。そこから、第2の輝かしい人生がスタートすることになるのである。

夢を実現したいのなら、
まず「実現可能な目標」
を持つことだ

次々と目標をクリアした先に夢の実現がある

本気で叶えたいと思う夢を持つのはいいことだ。心に抱いた夢を忘れないように紙に書き、部屋に張り、実現を強く願う。これは夢を追う多くの人がやっていることだろう。

しかし、それだけで夢が叶うことはない。「念ずれば花開く」と言うが、いくら強く念じても花は開かないし、実もならない。正しくは**「強く念じて、努力に努力を重ねれば、きっと花は開く」**ということなのだ。努力もせずに夢ばかり見ていれば、「酔生夢死」で人生が終わってしまう。

夢を実現するためには何が必要なのか。それは目標を持つことである。**頑張れば1、2年で手が届きそうな目標を立て、それを有言実行で達成し、また次の目標を立てて達成する。**これを何度も繰り返すことによって、夢は現実のものになるのである。

常に目の前に追いかける目標があれば、多少のピンチがやってきても簡単には諦めない。どんなにつらくても、前向きでいられる。だから、現実的に実現可能な目標を持って、それを追い続けることが大切なのだ。

要は**「誰もができることを、誰もができないほど、続ける」**こと。そうすれば結果として奇跡が起き、必ず夢は叶う。事実、私はそのようにして夢を実現できたのである。

「最初に失敗を重ねる」ほうが商売はうまくいく

お客様サービスを第一に問題点を修正していく

ココイチ1号店をオープンした時の話だ。開店初日と2日目は200人以上のお客様にご来店いただき、売上は14万円と上々のスタートを切った。ところが、開店3日目になるとぱったりと客足が止まった。開店記念の2日間、あまりに忙しくてお客様対応が十分にできず、信頼を失ってしまったことが原因だった。

素人同然の店長やスタッフは、ぬるいカレーライスを出したり、ご飯が足りなくなって時間のないお客様を待たせたり、揚がり切っていないカツや黒焦げになったカツを仕方なく出していた。カレー専門店にあるまじき失態が続出していたのだ。

失った信頼は簡単には取り戻せず、「すぐに潰(つぶ)れるだろう」という噂話も聞こえてきた。しかし私は**失敗したり苦情を受けたら修正していけばいい**と前向きに考え、お客様への感謝を第一に、設備や接客を改善していった。

当初は1日の来客が10人の日もあったが、地道な努力を続けるうち、お客様は少しずつ増え、オープンから10か月経った頃、目標の日商6万円をクリアできるようになった。

商売は最初に苦労をしたほうがいい。失敗をバネにして頑張れば自力がついてくる。当初の売上は低くても、着実に増やしていくほうが結果的には成功しやすいのだ。

「何もない」から
いろんなチャレンジが
できる

マイナスをプラスにとらえれば、可能性は無限大に広がる

世の中には失敗して叱責されたことや苦労したことをネガティブにとらえ、それをバネにして「絶対に見返してやる」「あっと言わせてやる」と闘志を燃やしてのし上がっていこうとする経営者がいる。それを自分自身に向けているうちはいいが、成功した時、すべて自分の力と勘違いして「どうだ」と自慢し、周囲の人たちをさげすむようになると問題が出てくる。

振り返ってみると、私の場合、根が暢気だからか、どんなに苦しい時でも、不遇だとか苦境だとか感じないまま乗り越えてきたように思う。むしろ、あの時代が自分を鍛えてくれたと感謝する気持ちのほうが強い。実際に幼少期のすさまじい体験が今の自分を作ってしてくれたことは紛(まぎ)れもない事実である。だから、「悔(くや)しかったら苦労しなさい」とアドバイスするほどである。

一般的にマイナスになるようなことをプラスにとらえる。そのほうが間違いなく幸せになれる。今は苦しいが、やり続ければ必ずよくなると思えばいい。そう考えれば、自分には能力がない、資金がない、人脈がないといって嘆く必要は全くない。ないならないなりに、それをどうやってカバーするかを考えればいいのだ。**何もないということは、見方を変えれば無限の可能性があるということだ。**人生は短期決戦ではないのだから、いろいろなチャレンジをしてみればいい。大事なことは、どこまでも謙虚で前向きにやり続けることだ。

「早起き」は百利あって一害もない

貴重な朝の時間を有効活用するために早起きをする

早起きには百利あって一害もない。私は今でも毎朝3時55分に起きて、街の掃除やガーデニング、お礼状書きなどの時間にあてている。

70歳になった時、起床時間を1時間遅らせて4時55分にしてみたが、1か月も持たなかった。「これじゃあだめだ、忙しい。時間が足りない！」と、また3時55分に戻してしまった。3時55分は「さあ、ゴーゴー」で語呂もいい。

朝の時間は貴重である。静かな中、集中して作業ができる。今の時代に重役出勤は論外だが、職位の高い人はラッシュアワー通勤もやめたほうがいい。そんなところで体力を消耗するのなら、**早起きをしてゆったりした気分で出社し、早く仕事に取りかかればいい。**

私は夜遊びを一切しないし、付き合いもほとんどない。休みもほとんど取らない。そして早起きだから、忙しいと言っても心にはゆとりがある。だから、心のこもったお礼状も書けるのだ。普通に一日を送っていたら、そういうわけにはいかないだろう。

ストイックだと言われることもあるが、私にとってはこれが普通である。だから、夜遅くまで仕事をしても、少々体調が悪くても、1年365日、朝は必ず3時55分に起きる。これは自分で決めていることだから、何としても守りたい。そこは譲れない私のこだわりである。

目標を達成したければ「早起きを続ける」に限る

早起きすることで生まれるゆとりが人生の成功を引き寄せる

早起きはつらい。超早起きを続けている私でも、目覚ましが鳴ると、「あー、もう朝が来たのか」と思う。**自分に甘い人に早起きは100%できない**と断言してもいい。やらなくても誰に迷惑がかかるわけでもないと思えば、進んで実行する人も少ないだろう。

しかし、**確たる目標を持っていれば、ゆっくり寝ているわけにはいかなくなる**。それは経営に限らず、スポーツでも芸術文化その他どのような世界でも変わらない。逆に言えば、**早起き程度の課題をクリアできないようでは、大きな目標が達成できるわけがない**。

早起きを続けていれば、じわじわとよい結果が出始める。そのことを人生のいたるところで私は実感した。ココイチの経営者時代も、「社長が早く出てきているんだから自分も頑張ろう」と2割くらいの社員が思ってくれた。そんな社員の頑張りで、毎年、増収増益も達成できたと思っている。

早起きのよい点は、**自分の意志で時間を作り出すことができる**ところだ。いくら時間が足りないと言っても、暇そうにしている人から時間を譲ってもらったり、仕入れることはできない。しかし、早起きの習慣を身につけると、それだけで新たな時間を創ることができる。時間の余裕は心にゆとりを生み、姿勢をよくし、人生の成功を引き寄せるきっかけにもなるのである。

経営者は仕事を「趣味にする」のがいい

自分の判断で事業を拡大できる経営以上に面白い仕事はない

経営者の中には事業が順調に発展して会社が大きくなるに従って、社外活動や自分の趣味に目を向けるようになる人がいる。それも悪いことではないが、私は全く興味がない。**経営者は仕事を趣味にするくらいでなければ！**と考えるからである。実際、私自身は仕事が一番楽しいから、今も幸せな毎日を送っている。

お金を借りてゼロからスタートして、苦労しながら売上を伸ばしていくうちに、商売の面白さがわかってくる。すると、誰でも、もっと成長したい、事業を拡大したいという意欲が芽生えるものだ。私の場合も、バッカスが軌道に乗ると、借り入れは残っていたがすぐに2号店を開いたし、ココイチも1号店をオープンした1年後には2号店、3号店と開店していった。**自分で方針を決め、自分の意志で借金をし、社員を増やし、事業を拡大していく。これ以上に面白いものはない。**増収増益であれば、社員の給料を上げることもできるし、「まさか」の事態にも備えられる。だから、私のような自称三流経営者でもすべてがうまくいくのである。

逆に、減収減益の時は、社長以外に安定経営に向けて舵を取れる人間はいない。だから**経営者は社業に専念し、常に社員やお客様のことを考えなくてはいけない。そのためにも経営者は現場にいることが大切なのだ。**

「常に上を目指す」のが経営者の務めである

会社を成長させるために朝から晩まで会社のことだけを考える

独立して経営者になると、最初は自転車操業でもあり、夫婦で力を合わせて朝から晩まで必死に働く。しかし、利益が出て3店ぐらい店を持つと急に緩(ゆる)んでしまう。奥さんは店から離れ、オーナーは制服を着なくなり、次第に店にも入らなくなる。

なぜかと聞くと、「自分が店に入らなくても片腕が育っているので大丈夫だ」と言う。私はこの考え方が全く理解できなかった。3店の店を持てたなら、なぜ次は5店を目標にしないのかと残念な気持ちになったものだ（もちろん、価値観の違いで個々の自由ではあるのだが）。

経営から退く時、私が最後の挨拶でオーナーの方たちを前に思わず話したのは「株を公開するまでチェーン店を成長させたいというオーナーが1人もいなかったのが残念だった」ということだった。**経営者でいるかぎり、ずっと右肩上がりの成長を目指さなくては意味がない。**それを実現するには、**朝から晩まで経営のことだけを考えて働くしかないのだ。**

しかし実際は、地域の飲食店経営者の中で一番になれば満足して、遊びや趣味に走る経営者が多い。そんな生き方も悪いわけではないけれど、もったいないと思う。**経営者の一番の幸せは、経営がうまくいって事業が拡大し、社員はじめ多くの人の期待に応え、社会に貢献することではないのか。**せっかく経営者になったのなら、常に高い目標を掲げてもらいたい。

経営者は「大雑把より微細」なほうがいい

よい人生を送る人はよく気づき、よく気配りのできる人

ココイチ経営者時代の私は結構ピリピリしていて、気になる点があると取るに足らないようなことでも注意していた。店舗の入り口に雑草が生えているのを見つけたら「なんで放置しているのか」、タバコの吸い殻が落ちていれば「なんで目に入らないんだ」というように細かく注意をした。社員にしてみれば「そんな細かいことまで」と思ったかもしれない。

しかし、**経営者は大雑把よりも微細なほうがいい**。というのは、**全体を見回す経営者にしか気づかないことがある**からだ。

雑草や吸い殻でも指摘すれば社員はすぐに従うが、1か月も経てば忘れてしまう。だが、経営者は絶対に忘れない。だから、社員が言われる前に気づいてくれるようになるまで言い続ける。これは経営者の役割なのだ。

飲食業に限った話ではなくて、**組織の中で働く以上、細かいことに気づくようにならなくては成長できない**。例えば、赤信号でも平気で横断歩道を渡る人や、スマートフォンを操作しながら渡る人も見かけるが、私にはあまりにも無頓着で気遣いが足りない人に見える。

よい人生を送る人はよく気づく人であり、気配りのできる人である。他人を押しのけ強引に進めて一時的に得しても、最終結果を見れば失うもののほうが多いように思うのだ。

経営者に必要なのは能力よりも「感謝の姿勢」である

経営者は情熱を燃やして誰よりも働かなくてはならない

私は、自分に飛び抜けた能力がないことをよく知っている。だから、誰よりも厳しい気持ちで率先垂範しよう、社員や役員に厳しく当たる前に自分に一番厳しくあろうとしてきた。それが私の経営者としての大原則であった。そんな私の後ろ姿を見て、約2割の社員が「社長についで行こう」と頑張ってくれた。その1人が、社長を譲った浜島俊哉君だった。

経営者は自分に能力があると思わないほうがいいのかもしれない。大した能力はないと決めつけたほうが、なんとかしようとひたむきに働くことができるからだ。

さらに言えば、能力よりも大切なのは経営に向き合う姿勢だ。しっかりとした目標を立て、いい会社にしよう、いいお店にしてお客様に喜んでいただこうと熱意を持って努力し続ける。**何事も情熱がなければ周りは動かないし、姿勢がよくなければついて行こうとは思わない**。

経営者は自らの働く姿を見せて社員を引っ張り、業績を上げていかなければならない。これは生き方の問題でもある。生き方がよくないと、短期間では面白いことができたり、簡単に成果を上げたりすることができたとしても、次に繋がっていかない。

だから、経営者は休みなど取っている場合ではない。誰よりも働かなくてはならないのだ。私は、それが一番の幸せだと確信している。

毎朝花の手入れを行うことを日課としている

第2章

「基本の基本」を大事にすれば
すべてうまくいく

「根本精神」を大切に守れば必ずうまくいく

うわべは真似できても、精神までは真似できない

数十年来の長きにわたり、食に関する業界では〝胃袋戦争〟が続いている。栄枯盛衰、優勝劣敗の厳しい環境で、ややもすると同業者対策の低価格競争が起こり、生き残るだけでも大変である。そんな中、ココイチは創業以来ただの一度も値下げすることなく、成長を続けている。

その理由はどこにあるのかと言えば、創業の原点である**「現場主義の接客第一」**を貫いていることだ。お客様の声に耳を傾けて前向きに改善を進め、**「ニコニコ・キビキビ・ハキハキ（ニコ、キビ、ハキ）」**をモットー（現在はココイチの社是）とするお客様を大切にする姿勢だけはどこにも負けないという自負があった。この思いは、ココイチを退いた今でも変わらない。

逆に言うと、商品にしても供給システムにしても、お金をかければ他社でもココイチの真似をすることはできる。実際に、屋号から店の作りからメニューまで、唖然とするほどソックリなコピー店が現れたこともあった。しかし、そのチェーンはココイチと同じようには繁盛しなかった。**外見をいくら似せても中身までは似せられなかったのだ。**お客様は、それをきちんと見抜いたのである。

だから、私はライバル店が近くにできても一切気にせず、値下げ競争にも乗らず、自社の根本精神をひたすら磨き続けてきた。そうすれば必ずうまくいく、という確信があったからだ。

明日の経営のヒントは
すべて「現場」にある

経営コンサルタントに学ぶより、現場で真剣に働くことが大事

経営者の中には経営書をはじめ哲学書や歴史書などを読んで経営の参考にする人が多いが、私はそれほど本を読まないし、誰にも経営の相談はしていなかった。だから他人の影響をあまり受けていない。また、経営コンサルタントの先生の指導も全く受けていない。まさに変人経営者の極みといったところか。

では、私が何から経営の発想を得ているかといえば、それは現場である。現場で真剣に働いていれば、社員に対しても、お客様に対しても、もっとよくしてあげたいという気持ちが湧いてくる。だから、**明日の経営のヒントはすべて現場にあると思って、毎日一生懸命働いてきた。現場で気づいたことは、その都度メモに書いてきた。**

それを後で読み返してみると、5年前も10年前も書いている内容はほとんど同じだった。そういうものが蓄積されて、ココイチの経営ノウハウになったのである。

このような私の徹底した現場主義は、始まりが場末の小さな喫茶店だったことと関係しているかもしれない。いつ潰れるかもわからなかったし、大きくしようという思いもなかったから、すべて自己流でやってきたのだ。しかし、結果を見ると、道なき道を自分で切り開いていくというやり方は、自分の性分にとても合っていたように思う。

お客様からの「クレームは財産」である

クレームのはがきは事業改善のヒントが詰まったファンレター

店舗数が80店前後になり経営が軌道に乗りつつある頃、私は全店舗にアンケートはがきを設置した。ココイチを利用したお客様の声に、耳を傾けてみようと考えたのだ。

そこで本社宛ての専用はがきを店のカウンターやテーブル席に用意し、投函してもらうようにすると、多い時で月間3万通もの声が寄せられた。毎月多額の郵便料金がかかったが、**書かれている内容はすべてありがたい言葉ばかり**だった。

私や本部のスーパーバイザーが毎日すべての店舗を巡回指導できるわけではない。その一部を、アンケートはがきが担ってくれたのだ。

私はスタート時から会長職を引退する2002年5月末まで、丸15年間にわたり、毎日3時間半の時間を費やし、すべてのはがきに真っ先に目を通した。嬉しいことに「よかった」という声が圧倒的だったが、「がっかりした」「二度と利用しない」といったコメントもあった。私はそこに価値を見出した。元々それが目的で始めたのだ。私はクレームの文面をコピーし、そこにコメントを添え、該当する営業所や店舗にファクスで知らせて善処を求めた。

クレームのはがきは経営上の欠点を修正するヒントを与えてくれる貴重な財産である。言葉を換えれば、**わが社への期待が書かれたファンレター**だと言っていいと思うのである。

早起きと掃除で「健全な企業風土」を育てる

会社全体に好影響を与えた早朝の掃除ボランティア

アンケートはがきの導入を決めた頃、それと併せてもうひとつ始めたのが掃除のボランティアだった。毎朝6時に20〜30人の有志が集まり、本社周辺を中心に30分以上の清掃活動を行う。道路を掃き清めるほか、高速道路下のごみを拾いに行ったり、用水路の底にたまっているヘドロをすくい上げたり、**私が先頭に立って真面目に取り組んだ**。

会社の発展や利益とは関係なく、早朝から懸命に奉仕作業をする若い社員たちの姿はどれも美しかったし、すごいと思った。私自身のパワーの源泉にもなった。

本社周辺にはカレーの製造工場と商品の配送センターがあるため、トラックが始終出入りしている。周辺住民からクレームが来てもおかしくないところだが、この清掃作業をはじめ挨拶運動や花いっぱい運動をやっていたせいか、**地元からのクレームは皆無**だった。

掃除の後、社食で朝食をとり、新聞を読んだり洗車をしながら1日のスケジュールを考えて始業時間を待っている社員と、時間ギリギリに出社してくる社員の差は歴然としていた。新入社員やほうきを持ったことのない男性社員は大いに刺激を受けたようだった。

この**清掃活動を通して、多くの社員に早起きの習慣が身につき、健全な企業風土が育まれていった**。それが、社業の発展に好影響を与えたことは言うまでもない。

心を込めた掃除を「半年」続ければ、売上は必ず回復する

掃除をするのはお客様のためだけでなく、自分たちのためにもなる

私が経営をしていた時、店舗スタッフの基本的な仕事として力を入れていたのが周辺の清掃である。郊外店なら店の周囲２００メートル分、市街地の店なら向こう3軒分の20〜30メートル範囲のゴミを拾い、草取りなども徹底的に行う。これは、直営店もＦＣ店も同じである。ただし、必ずしも全店でそれができていたわけではない。店長やオーナーが率先垂範してやっているかどうかによって、差が出るのである。

近隣清掃で一番難しいのは、継続すること。**３６５日行わなければ掃除をする意味がない。**それは自分との闘いであり、生き方の問題であり、経営者としての姿勢の問題である。できない理由をよく聞かされたが、**できるできないはその人の心の問題**だということがよくわかった。

制服を着て毎日掃除をしていると、まず近所の方々が感謝の言葉をかけてくださるようになる。そのうち道行く人やお客様の目に留まり、アンケートはがきでお褒めいただくことが増えてきた。また、二次的な効果として**店舗の売上が２〜３％減ったくらいなら、掃除を徹底的にやれば半年、１年後には回復する**こともわかった。

掃除はお客様に気持ちよく過ごしていただくだけでなく、お客様から信頼され、売上不振の打開策にもなる。そのためにも、心を込めて続けることなのだ。

「いい店にしよう」と思うほど、問題は尽きることなく現れる

長年商売をしていればいい店になるということは決してない

お客様からお褒めの言葉をいただくことは嬉しいことだ。ただし、いくら褒めていただいても、それで満足してはいけない。対価をいただいて商売を行い、儲けさせていただいているのだから、**お客様に喜んでいただくのは当たり前、褒めていただくのは当たり前**だと考えておくほうがいいだろう。

お客様に喜んでいただこうという気持ちで、こだわって商売をやり続けて、なんとか横ばいである。いくらやっても山あり谷ありで、よくなったり悪くなったりを繰り返す。だから、**お客様に「この店で買ってよかった」「この店で食べてよかった」と思っていただくようにするのは最低限の仕事**なのである。

そこをスタート地点にして、「今度また家族と一緒に来たい」「知り合いを連れてきたい」「口コミで紹介したい」という行動を実際に起こしていただくまで、必死で努力を続けなければならない。それができるようになると、自然と売上は右肩上がりになっていく。

いい店にしていこうと思うほど、問題は尽きることなく現れる。それを1つずつ改善していくことによって、少しずつ良い店になっていく。長年商売をしているだけでいい店になるということは、決してない。

お客様のニーズに「きめ細かく」対応する

お客様の身になって何が求められているかを考える

ご来店いただいた方はご承知だろうが、ココイチではライスの量やルウの辛さをお客様の好みで選ぶことができる。またトッピングできるミックスメニューも豊富に用意している。ライスの量は300グラムを標準とし、少し小盛りの200グラム、スモールサイズの150グラムがあり、あとはお客様の要望に従い、100グラムごとに対応できるようにした。ルウの辛さも一般的な「甘口」と「普通」のほか、辛口を「1辛」から「10辛」まで、甘口も「1甘」から「5甘」までのランクを設け、それぞれランクが上がるごとに追加料金をいただくシステムになっている。

最近は激辛ブームで辛さの調節ができる店も増えてきたが、ココイチ開店当時はほとんどなかった。ライスの量をここまで細かく注文できるのはココイチだけだったろう。トッピングも含めて、**自分好みにカレーをアレンジして食べられるというのは画期的なアイデア**だったのだ。

このお客様の立場に立った当社オリジナルのきめ細かなサービスが、規格化されたご飯の量に物足りなさを感じていたサラリーマンや学生のお客様に受けた。また、女性や子供も量と辛さと好きなトッピングを選べるため、家族で来店される方が増えた。**お客様に満足していただくために考えた独創的なサービス**が、躍進の原動力の1つとなったのである。

繁盛させたければ「お客様の声」に耳を傾けること

常にお客様を念頭に置いて実践を積み重ねる

「店を繁盛させたければ、お客様の声を聴け！」――これは商売の鉄則である。だから経営者が**何よりも大事にしなければならないのは、現場であり、店舗**なのである。

経営者は誰よりも真剣な気持ちで店に入らなければならない。いいかげんな姿勢で入ったところで、明日の経営のヒントは見つからない。しかし、「なんとかお客様に喜ばれたい」「1人でもお客様を増やしたい」「今日を起点に明日から少しずつでもいいから右肩上がりにしたい」といった思いで目を凝らして現場を見れば、改善すべきことやアイデアが浮かんでくる。

例えば、昼のピークタイムには、お客様から「まだですか」「お水ください」と声がかかる。慌てててミスが出たり、ご迷惑もおかけする。これでは来客数が増えるどころか、お客様を失う結果になる。店側は昼時のいっときのことだからと考えるが、もう1人シフトを入れるとお客様への迷惑も減り、すぐに売上増になる。私はそれを「ゆとりタイム」と言って、こだわった。

少しでもお客様が快適な気分で過ごせるように、お客様の役に立ちそうなことを探して実践していく。そういう姿勢を常に持って仕事に集中していると、その熱意は少しずつでもお客様に伝わっていくものだ。その積み重ねによって、「この店は他とはちょっと違うぞ」と思っていただけるようになる。**店の評判が上がるのは実践の裏付けがあってこそ**なのだ。

判断に迷ったら「お客様を第一に」考えてみる

経営が厳しい時には原点に戻ってみればいい

判断に迷ったら、自分の都合ではなく、お客様を第一に考えることだ。お客様の期待・要望に応えるのは大変だ。しかし、なんとかできないかと考えてみなければ、何も変わらない。お客様の期待・要望に応え、結果として売上を伸ばしたいのなら、まず自分が汗をかくことだ。**お客様本位で考えると、答えはすぐに出る**。例えば、営業時間もう少し延ばしてほしいと言われたとする。その時に「大変だし費用対効果で考えても割が合わない」と思っている限り、現状は打破できない。結局、ずるずる同じことを続けてジリ貧で終わってしまうだろう。

自分が起業した時、あるいは親から事業を引き継いだ時はどうだったろうか。少しでも売上が上がると、嬉しくて仕方なかったのではないだろうか。**経営が厳しい時には原点に戻ればいい**のである。お客様が見えれば、ニコニコ笑顔で「いらっしゃいませ!」「お買い上げありがとうございました!」と感謝の気持ちを込めて、明るく元気に言えばいい。それだけでも何かが違ってくるはずだ。

商売をしているのだから、なんでもお客様本位で考えればいいのである。今までより1人でも多くのお客様に来ていただければ、売上は必ず伸びていく。そのために**真面目に、誠実に、ひたむきに商売に打ち込む。それが一番の成功の秘訣なの**である。

プロとしての自覚は「実践」の中で育まれる

現場での体験以上に人を成長させるものはない

現場でお客様に相対して行動することは何にも代えられない喜びであり、刺激となって勉強になる。お客様にもっと満足していただき、喜んでいただくためにどうすればいいか、より早く提供するためにはどうすればいいかとサービスを考えるようになる。

当初から経営コンサルタントに頼らなかった私は、**あらゆることを実践の中で学んできた。**見切り発車でとにかくやってみて、失敗して自分で気づいたりして、問題点を修正してきた。それによってお客様第一のココイチの形ができあがったのである。

失敗というほどではないが、トッピングのメニューの開発でもいろいろと試行錯誤をした。うなぎ蒲焼カレーとかすき焼きカレーとか変わったものを編み出したが、オーダーが伸びずに消えていったりもした。しかし、**とにかくやってみることが大事**なのだ。お客様に喜ばれるのではないかと考えてチャレンジしてみる。そして、お客様がどういう反応をするかを見る。こういう**現場で実践を繰り返すうちに、プロとしての自覚が生まれてくる**のである。

また、店の繁盛ぶりに毎日接したり、独立した先輩オーナーの話を聞いたりしていると、早く自分もそうなりたいとモチベーションを上げることもできる。**成長のきっかけも、成功のヒントも、すべて現場にある**のである。

お客様と交わした約束は絶対に守るのが「プロの仕事」

お客様との約束事は守ってこそ信頼に繋がる

商品の品質、価格、提供時間、サービスなど**お客様との約束は必ず守らなくてはならない。**

お客様と交わした約束は絶対厳守なのだが、日常的にはあってはならないことも起きる。

当時、特に私が重視したのは営業時間であった。例えば、午前11時の時報で開店して、午後10時の時報で閉店と決められているとしたら、午後10時1分過ぎにお客様の車が駐車場に入ってくると、スタッフが店から飛び出して営業時間が終了したことをお伝えし、お帰りいただいた。あるいは例外的に〝本日のみ〟の前提でお迎えした。曖昧にしたくなかったのだ。

また、欠品が起こらないように注意をした。**お客様が食べたいメニューが欠品によってできないという事態はなんとしても避けなくてはならない**と考えたのだ。自社製品はスーパーなどで購入することができないから、高松のお店で欠品が起これば岡山営業所の事務の女性が電車に乗って届けたり、山口の店舗で欠品が起これば福岡営業所の事務員が新幹線で届けるというようなこともあった。そこまでしてお客様との約束を守ることを徹底していたのである。

社員には、決められた時間の中で成果を出すことが求められる。それは社員の姿勢の表れともいえる。例えば個人的な理由で遅刻をした社員には仕事をさせず、帰宅させていた。だから、遅刻ゼロの会社だった。要は、**原則を守れなければいい結果は出ない**ということなのだ。

成功の決め手は
自社の商品に
「絶対の自信を持つ」
こと

味に自信があったからこそカレー専門店にチャレンジした

カレー専門店を開くきっかけになったのは、バッカスで出前サービスを始めたことだった。出前をするならご飯メニューがあったほうがいいだろうと考えて、従来の軽食メニューにカレーを加えたのだ。カレールウは最初、喫茶店がよく使う缶詰やレトルトを何種類か試食してみたが、どれも納得できず、結局、**いつもおいしく食べていた妻の作るカレー**に決めた。

さっそく取引のある食品問屋から数種類の半製品固形カレーを取り寄せ、材料とか追加のスパイスを変えて試行錯誤を繰り返した結果、私をはじめスタッフの全員が太鼓判を押すカレーができあがった。このカレーが評判を呼び、日増しに注文が伸び、すぐに人気メニューになった。その時、カレー専門店をつくることを決断したのだ。

オープン前には東京に出て専門店のカレーを食べ歩いたが、「自分たちのカレーが一番おいしい」と確信した。カレーハウスＣｏＣｏ壱番屋という屋号はその時できたのである。

家庭的ななんでもないカレーだからこそ、普通の人の日常の食事として受け入れてもらえると思った。その頃はカレー専門店のチェーン展開をすることになろうとは思ってもいなかったが、自分たちのカレーが受け入れられるに違いないという私の予想は的中した。だから、今でも自信を持っていえる。「ここがいちばんや」と。

「万人向けの味」
だからこそ飽きずに
何度も食べたくなる

シンプルに「食べておいしい」ことが何よりも大事

いいものを提供すればお客様は満足してくれる。では、いいものとは何か。お客様の様子を見ているとわかるが、**ココイチは食事の楽しさを提供しているのである。**ただお腹を満たすだけではなくて、カレーの辛さもライスの量もトッピングもお客様の好みに合わせて選べるから繰り返し訪れる楽しみがある。また、一人ひとりに気配りした接客を心がけているので、ファミリーでもカップルやグループでも単身でも、気持ちよく過ごしていただける。

そして何よりも大切なのは、飽きない味のカレーだということ。社長であった頃、私は各店舗を巡回して1日平均して5、6食は食べていたけれど全く飽きなかった。「お母さんの味」と言われることもあるが、**家庭的な味であることが飽きない最大の理由**だと自負している。

他のカレーチェーン店はプロの味にこだわり、様々なスパイスを効かせたカレーを作ろうとする。しかし、個性が強すぎるカレーは多くの人には何度も食べたくなるものではないし、コストがかかるから価格も高くなる。ココイチで提供するカレーは自己満足のこだわりの強いカレーではなく、「食べておいしい」というシンプルな発想で作られた。**飽きない味だから何度でも足を運びたくなり、身近な人に教えたくなる店なのだ。**だから、カレー専門店としてカレー単品でも勝負できるのである。

うまくいっている時ほど「明確な目標」を持とう

今よりも上積みした目標を持てば、経営も人生もうまくいく

経営者の中には経営が順調にいっていると満足して、気持ちを緩めてしまう人がいる。しかし、油断は禁物。**経営を続けている限り、経営者は目標を持たなくてはならない**。そして、**その目標は必ず前よりも上積みしたものにすることだ**。そういう目標を立てて経営に専心すれば、結果として自然に増収増益となり、経営は右肩上がりになっていくのである。

これは経営に限らず、仕事でも人生でも同じである。目標がないと甘えが出て、苦しくなると簡単に投げ出してしまうことになりやすい。それでは何事もなしえないというのは、言うまでもない。家族や夫婦の間でも、確たる目標がないと日々の生活にあくせくするだけで、将来に向けての展望が開けない。

さらに経営者であれば、事業継承者の育成という目標を持つことが欠かせない。死ぬまで経営を続けたいと思っても、限界は必ずやってくる。その時にいかにうまくたすきを渡すかを計画するのも、経営者の大切な仕事だ。M&Aで譲る場合でも、業績がよければいい値段で売れるのだから、しっかり目標を持ち、しかも必達しなければならない。

身を引くまでは目標達成を目指してめいっぱい働き、その時が来たらきれいにたすきを渡す。 経営とは駅伝のようなものなのだ。

「笑顔」が最大の
トラブル防止策になる

ココイチの接客の基本は「ニコニコ、キビキビ、ハキハキ」

繁盛の原点は接客にある。だから壱番屋では、**いつもにこにこ笑顔で、きびきび働き、はきはき応える「ニコニコ、キビキビ、ハキハキ」**、略して「ニコ、キビ、ハキ」をモットーとしていた。単純に思えるかもしれないが、いつも「ニコ、キビ、ハキ」を貫くのは簡単ではない。特に入ったばかりのメイトさん（アルバイトスタッフの方たち）の中には、気恥ずかしいと思う人もいるようだ。だから店のスタッフは毎朝、このモットーを全員で唱和して仕事に臨む姿勢を確認していた。今では壱番屋の社是となっている。

お客様を笑顔でお迎えし、おもてなしに心を尽くし、感謝の気持ちを込めてお見送りする――これが繁盛店を作る秘訣である。しかし、**本当にお客様に満足していただける接客をするには、スタッフ一人ひとりが日々内面を磨き、人間性を高める努力を続けることが求められる**。そうした形だけではない心からのサービスを目指し続けたことによって、壱番屋は国内最大のカレーチェーンにまで成長したのだ。

また、「ニコ、キビ、ハキ」を実践して健全で明るい店づくりに今も取り組んでいるためか、大きなトラブルに繋がるようなクレームがない。接客がいいかげんだと、どうしてもトラブルが起こりやすいものだ。その意味で、**笑顔はトラブルの最大の防止策**になるのである。

経営者が「率先垂範」してお客様への感謝を示す

毎日働ける経営者だからこそできることがある

経営が軌道に乗ってある程度の規模になると、実務は部下に任せて自分は少し楽をしたい、楽しみたいと考える経営者が少なくない。私も社内外の人から「休日をとって楽しんではどうですか」と何度となく言われたものである。しかし変わり者の私は、そう言われるたびに、楽をする時間があれば1店でも多くの店舗を回りたい、お客様がお送りくださったアンケートはがきに目を通したいと思った。

というのも、**経営者にとって一番大事なのは率先垂範である**と考えているからだ。同じ「いらっしゃいませ」「ありがとうございます」と言うのでも、あるいはお礼状を書くのでも、経営者が仕事に専心していると心の込め方が違ってくるから、相手に伝わるのである。

また、社員だと年間120日前後は休みをとれるが、経営者は1年365日働けると私は考えている。**365日働ける経営者だからこそできること、経営者にしかできないことがたくさんあるのだ**。気持ちのいい社風を作るとか、お客様への感謝が当たり前のようにできるようにするには、誰よりも先に経営者が実践することなのだ。

社員は注意されればやるが、なかなか習慣にはならない。それを定着させるには、経営者が率先垂範してみせるしかない。**会社がよくなるのも悪くなるのも、すべては経営者次第**である。

「制服姿」で現場にいる経営者が一番格好いい

制服姿の経営者は、お客様第一主義、現場主義の象徴である

どこの会社もそうだろうが、壱番屋も創業当時は自転車操業の繰り返しだった。しかし、現場で働くのは楽しく、私は経営者としての幸せを実感していた。従業員はまだわずかしかおらず、**私も常に従業員と同じ制服姿で店に出ていた。**食堂業は特にそうだと思うが、創業期の経営者は朝から晩まで制服姿で過ごす。ろくに休日もとらず、お客様に喜んでいただくために自ら先頭になって働く。現場主義そのものである。

こうした現場主義経営を続けていくうちに、少しずつお客様も増え、資金繰りも楽になっていく。ところが、**経営が少し楽になると、多くの経営者は制服を脱いでしまう。**「経営だけが人生ではない」と言い始め、経営以外に心と体と時間とお金を奪われるようになる。友人との付き合いが増え、遊ぶ時間が増え、**よそ行きの服装が増えてきて、店や会社の制服を着なくなるのである。**

しかし、中小零細の経営者には仕事以外によそ見をしている隙（ひま）はないはずだ。少なくとも**年商100億円、経常利益5億円になるまでは、制服姿が当たり前**と心しておくことだ。何よりも私は制服姿でいる経営者が一番格好いいと思うし、私自身も引退するその日まで制服姿だった。

仕事に全身全霊を傾けると「アイデア」が浮かんでくる

時間をかけてはじめて見えてくることがある

壱番屋の社長時代の私は、ほとんどのことをトップダウンで決めていた。細かい部分はみんなで知恵を出し合って決めるということもあったが、一定以上のレベルになるとお山の大将であり、裸の王様であった私が決めていた。私は**1年365日、朝から晩までココイチのことばかり考えていた**から、何をすればいいかは誰よりもわかっている自信があったし、実際に自分の思い通りにやるとうまくいった。

従う側にしてみれば、やりづらさや面白くないことがあったかもしれない。だが、**方針を決定するということは経営者の特権**である。何より自分の意志で始めた経営なのだから、会社を少しでも大きくしていくのは経営者の第一の責任だと思う。

経営者の中には、効率だとか社交的な付き合いに重きを置く人もいる。もちろんそれらも大事だけれど、それ以上に大事なのは、いつも仕事第一に考えることだ。当時の私であれば、毎日1店でも多くの店舗を回って、スタッフの働きぶりを見て、改善点を見つけ、それを伝えていくことが重要な仕事だった。

そんなふうにして**仕事に全身全霊をかけているからこそ、他の人には気づかないアイデアが浮かんでくるのだ。何事でも時間をかけなければ身につけられないものがある**と思うのである。

誰よりも没頭して「働く喜びを実感」できれば一流になれる

働き方は変わっても、目標を達成する喜びは変わらない

現状をもっとよくしたい、もっと期待に応えたい、もっと業績を上げたいというように常に上を目指していると、どうしても仕事にのめり込まないわけにはいかない。これはなにも数字ばかり追いかけろと言っているのではない。**自分の仕事をきちんとやり続ければ、数字は自然に上がっていく**。自分の身を仕事に捧げている人は、どんな分野でもやがて頭角を現し、一流と呼ばれるようになっていくものである。

今は働き方改革が盛んに叫ばれ、長時間労働をなくしていこうという流れにある。それはもちろん大切なことではあるが、**自分の目標を絶えず持ち、その達成を目指している人にとっては、働く時間が長いとか短いということはあまり関係がない**ように思う。

この頃は余った時間に副業をする人や、副業を許可する会社も出てきている。しかし、明確な目標がなければ、結局、中途半端で終わってしまうだろう。それならば、もっと本業に没頭して、今以上に成果を上げられるように努力したほうがいいと私は思っている。結果が出れば、誰でも仕事が面白くなるはずだからだ。

働く意識は昔とずいぶん変わってきているけれど、**達成する喜びや自分が成長する喜びは昔も今も変わらない**と思うのである。

#「交友関係」に時間・お金・体力を使うのはもったいない！

遊びよりは仕事、ただし家族との交流は大切にする

経営者には、取引先や仲間との社交も大切な仕事であるという人がいる。そういう中で仕事の話をまとめるのだという。しかし私は、**ゴルフをしたり飲み歩いたりするような付き合いは時間とお金と体力の浪費**だと考えている。2、3割はいいことがあるとしても、圧倒的に無駄が多い。だから、そういう付き合いは極力避けている。

また、付き合う相手にもいろいろな人がいる。優秀な人であればプラスになる話を聞けるし、勉強の機会にもなるだろう。だが一般的に見ると、**遊びを介しての付き合いは欲求を満たす楽しさが先に立って勉強になることは少ない**。それなら仕事をしたほうがいいと私などは思うのだが、仕事にかこつけて楽しさを優先する人も多いようだ。

ただ、家族とのふれあいは大切にしなければならない。私の長男が生まれたのは、ココイチが4店舗できた直後であった。多忙な時期だったが、仕事の合間に店の制服を着たまま動物園や公園などに連れて行った思い出がある。授業参観の時は、妻が仕事を休んで出席していた。

仕事を理由に子供に寂しい思いをさせてはいけないと思う。**しっかり仕事をするためには、やはり家庭が安定していることが大事**なのである。

たまたま成功した結果は、後からの「失敗のタネ」になる

簡単に成功するくらいなら、最初は失敗したほうがいい

成功とは甘い罠（わな）である。事業がうまくいくと創業の緊張感を失って、生半可な自信から無茶な拡大を図ったり、手元資金ができたからといって本業以外に手を出したりして失敗するケースは数かぎりなくある。**成功した時こそ慎重になってより一層の努力を継続することが大切なのだが、中途半端な自信が加わり、経営を軽く見て失敗するという例が非常に多い**ように思う。

特に、時流に乗ってたまたま成功したような場合に、こういう失敗が起こりやすい。マスコミに囃（はな）し立てられた経営者が数年で姿を消してしまう事例は、いくらでもある。

ココイチのオーナーでも、最初からうまくいくとすぐに奥さんが店に出なくなったりする。二人三脚で目標に向かって努力する期間を持ったほうがいいとアドバイスしても、余力ができるとパートを雇い、「妻は家で経理をしています」とか言う。確たる見通しがつくまではオーナーも頑張るが、そのうち制服を着なくなる。そして高級ブランドを身にまとい、同業仲間や友人との付き合いに精を出すようになる。

結果的に、事業はよくて横ばい、多くは右肩下がりになってしまう。それならばむしろ、最初はうまくいかないほうがいい。**苦労をしても諦めず、一生懸命働き、コツコツと着実に実績を積み上げていく。それが右肩上がり経営の基本**であり、その苦労は一生の財産になるのだ。

経営は「人に頼らない」ほうがうまくいく

コンサルタントに頼って判断が揺らぐなら、頼まないほうがいい

「人に頼らないほうがうまくいく」というのは私流の考え方である。経営をしていると、こんな場合はどうしたらいいだろうかと悩む場面が必ず出てくる。そういう時、コンサルタントの先生に頼る経営者も多いようだ。しかし、私はすべて**自分の判断で意思決定をして、トップダウンで行ってきた**。その結果として、右肩上がりの経営を続けてきたわけである。

なぜコンサルタントを使わないかというと、もちろん費用もかかるというのもひとつの理由だが、それよりも自分の目で現場を見たほうが確かであるという揺るぎない自信があったからだ。コンサルタントは経営の知識は豊富だが、現場を体験しているわけではない。しかし経験的に言うと、問題が生じた理由も、その解決方法も、すべての答えは現場にある。**「ここで何をすればいいか」は、現場が教えてくれる**。

また、コンサルタントと「先生、教えてください」という関係を結ぶと、アドバイスをしてもらった時に、自分では「そうではない」と思っても相手の体面があるので、すべて「ノー」と言うわけにはいかない。だが、そんなことで自分の判断を曲げるのなら、端から相談しないほうがいいだろう。そのほうがストレスもたまらなくて済む。

現場で真剣に働いていれば、たいていのことはわかってくるのだ。

思いや情熱の大きさが企業規模の「器」になる

下げられたカレーの器を見て「明日も大丈夫」と確信する毎日

経営者の器以上に企業は大きくならない、と言われる。しかし、そうではないというのが私の持論である。なぜかといえば、私自身がそうだったからである。**情熱を傾けて目標を追い続ければ、会社は経営者の器の何倍、何十倍も大きくなる。**大事なのは発展した時に気を抜かず、**常に次を目指す**こと。そして、**わずかずつでもいいから成長させていく**ことだ。

今は低成長期だから簡単には伸びないだろうが、経営者が現場から目を離さず真剣に働いていれば、0・5%か1%ぐらいは伸びる。少しでも伸び続けているうちに、気づけば自分の器以上に会社が大きくなり、人も育っていく。それがココイチの経営だった。

私の場合、経営にかける思いと情熱は、お客様や周囲の人たちの期待に応えたいというところから育まれた。そして、それは規模を拡大していきたいという事業欲によって継続されてきた。金銭欲はなく、収入は後からついてくると思っていた。店舗で下げられたカレーの器がきれいに食べられて戻ってくるのを見ていれば、「明日も大丈夫」と確信できたのである。

そんな一日一日が自信に繋がった。**毎日コツコツと積み上げていけば売上と利益は確保できるという自信は、経営者をやめるその日まで揺るがなかった。**

目標は「なにがなんでも必達」しなければならない

ギリギリ70点以上の成果を毎年続ければ、着実に成長できる

経営のよしあしは財務内容をはじめとする総合評価によるものだが、**どんな世界でなにをするにしても、100点満点はありえない。**これは断言できる。しかし、企業でも生業でも、また個人でも、「これだけは達成したい」と決めた目標を達成することはさほど難しくないはずだ。

要するに、総合で100点満点を目指して努力することが大切なのだ。100点満点を目指す中で、自己による総合評価で70点をギリギリ合格ラインとするならば、80点や90点あればよりよいことになる。これならば、やる気次第で、たとえわずかずつでも成長できる。

大切なのは、なんとしても合格ラインを超え続けることなのだ。そうすると、毎月の経過とともに右肩上がりとなり、いつでも「今が一番よい」と言えることになる。

ただし、数値目標は願望で決めるわけではない。だから、なんとしても必達が大原則となる。経営における重要な目標はおろか、自分自身に課した目標ですら達成することはなかなか容易ではないが、右肩上がりの経営にしても、よりよい人生を実現するにしても、常にいくつかの目標があるから前向きでいられるのだ。

それを常に自分に言い聞かせ、多少の困難に遭遇しても乗り越える努力をしてほしい。そうやって目標を実現する達成感を味わう中で、人も経営も着実に成長していくものなのである。

経営も人生も
「人間性」がすべて

「損して得取れ」を実践すれば、経営は必ずうまくいく

人間性がよくないと、人生も経営も一時的にはよくても長期的には絶対によくならない。これは真理といっていいだろう。では、人間性はどうすれば高めることができるだろうか。私の考え方だと、我が利益よりも関わる人の利益を優先することが大事なのだ。つまり、**自分の利益になることよりも周囲のこと、地域のことを優先的に考える**ということだ。当然それは「容易なことではないが、経営上の基本姿勢は常にそうでありたいものだ。

昔から「損して得取れ」と言う。自分が損をしても相手のためを思って行うことで、結果的に自分が得をするものなのである。自分の欲求を満たすことを一番にするとうまくいかなくなるというのも当然である。こういう人は自分がよければいいわけだから、傲慢にもなりやすい。その結果、人は離れていくし、困った時に助けが得られない。

だから、**どんなに成功しても謙虚な気持ちを持ち続けることだ**。結局、一見つまらない人生のように思われても、コツコツ真面目に働いて、地域の人に必要とされて喜ばれることほど幸せなことはないのである。

ただ、**大事なのは言行一致**である。いくら立派な理念を掲げても、行動が伴わないと絵に描いた餅で終わる。掲げた理念通りの経営することが、経営者の務めである。

自社の社員に「絶大な自信」を持てるか

社員を性悪説で見ることによって明確な目標が掲げられる

経営者に「あなたの会社の社員は優秀ですか？」と尋ねれば、大半の人は「優秀ないい社員ばかりだ」と言うかもしれない。しかし、実際に全員が優秀というような会社は少ないだろう。また、社員を性善説で見るか性悪説で見るかで評価は変わってくると思う。

私は**原則として性悪説**をとることが多い気もするが、社員の見方は各々で違っているかもしれない。スタッフを信じたい気持ちは山々だが、一緒に仕事をしていると首をかしげざるをえないような人が交じっているのも事実である。一般論だが、誰も見ていなければ信号無視をして横断歩道を渡る人はいるし、できるだけ楽をして要領よく生きたいと考える人もいるだろう。

それが人間だと思えば、すべてを性善説で判断するのはリスクがある。むしろ**性悪説で見るからこそ、ミスをしっかり指摘して、もっとレベルを上げよう、お客様の期待に応えようという目標を掲げることができる**のである。上司がそういう雰囲気で部下を指導していれば、現場に緊張感が生まれ、スタッフの動きもキビキビしてくる。逆に、**失敗はお互いさまという雰囲気だと見て見ぬふりが横行する**ようになり、団体競技である会社経営では予選敗退となってしまう。こういう組織では事業も社員も成長は難しい。社員を信頼するためにも仕事に厳しさを求めることは当然だし、そういう社風を作るのが経営者の役割なのである。

業績を上げ続ければ「この会社にいたい」と思う社員が増えてくる

社員のモチベーションを上げるために発展を続ける

高度経済成長の時代は、一生懸命働いた分だけ成果が上がり、給料も上がったので、みんな頑張っていた。愛社精神とよく言われたように、忠誠心を持って会社に一生を捧げようと考える人も少なくなかった。

それに比べると今は、よりよい条件の会社があれば転職もいとわないという人が多くなっている。その結果、人手不足で倒産する会社も出てきている。

「ずっとこの会社にいたい」と思う社員を増やす一番の方法は、業績を上げ続けることである。右肩上がりの成長を続けていれば、給与待遇や福利厚生もよくすることができる。だから、自然と社員は仕事に熱を入れるようになり、大きな問題が発生しにくくなる。

また、**右肩上がりだと人も育つ**。10人いれば1人や2人はこの会社で頑張って役員を目指そうと考えるようになるからだ。

最近は出世して重い責任を負うよりは現状維持でいいという人も増えているようだが、全体が伸びている分にはそれほど問題にはならない。

すべては数字である。**発展を続けることは社員のモチベーションを上げる第一の要件**である。そのためには、小さな目標でもいいから必ず達成し続けることが大事なのだ。

長続きの秘訣は、決めたことを「毎日やる」こと

「決めたことを行うなら毎日行う」と決めたほうが悩まずに継続できる

長続きする秘訣は、とにかく決めたことを毎日行うことだ。私は早朝の名古屋の街路の掃除を13年以上続けているが、雨の日でも風の日でも雪の日でも休まない。今日は雨だから休むけれど、明日はやろうという考えだと、そのうち〝なあなあ〟になってやめてしまうからだ。

だから**「行うなら毎日」と最初に決めてしまう。**それでないと、毎朝、「今日は掃除をしようかやめようか」と悩むことになる。そして、一度悩み出すと悩む自分に嫌気がさして、結局続かなくなるのである。

私の掃除を手伝いに来てくれる青年経営者がいる。彼は当初、「1年間だけ毎日石にかじりついても行おう」と心に決めて始めたそうだ。ところが、毎日掃除に来るうちにそれがいつの間にか習慣になって、1年が過ぎてもほとんど休みなく手伝いに来てくれるようになった。すでに8年ほどになる。このように**「習慣になるまで、毎日意識して続ける」**ことが大事なのだ。

私はよく**「何か行うと決めたことはみんなに公言しましょう」**と言っている。「毎朝、掃除をする」「毎朝、5時に起きる」というように周囲の人に宣言すると、言ったことが続かないと恥ずかしいし、自分の信頼にもかかわるから頑張ろうと思う。そのうちに、大変だけれど、しないではいられなくなる。こうして日々の課題を克服すると、人生はますます豊かになる。

喫茶店バッカスを
創業した当時、店内で
一心不乱に働く

第3章

「真心の経営」を実践する

利益の少ない商売ならば、
より一層「心」を込めよ

優しさあふれる姿勢でお客様本位の経営を行う

売上を少しでも多くするために、経営者は知恵を絞り出し、目標達成のために人一倍汗をかいて努力する必要がある。だが、**売上にこだわるあまり、社員のお客様への対応や仕事への取り組みが雑になってしまっては本末転倒**である。商売を誠実で真面目に営んでいるから、それが信用となって、売上が伸びていくのである。

そう考えると、ややもすればお客様をないがしろにしがちな**低価格、低粗利の商売こそ、より一層心を込める必要がある**と思う。さらに言うならば、**1円の利益にならないことでも、目の前のお客様のために最善を尽くす**ことが大事である。

例えば、通りすがりの方がトイレを借りたいと言ってきた。あるいは、道を尋ねるために店や事務所の中にお見えになった。そういう時には快く笑顔で応対し、帰り際には「またいつでもどうぞ」と声をおかけする。そんな優しさあふれる姿勢が大切なのだ。

業績第一主義で経営をすれば、一時的には発展・成長するだろうが、やがてジリ貧になっていく。しかし、お客様本位で優しさあふれる経営を行えば、最初は苦労したとしても、蓄積された信用によって必ずや継続して栄える事業になる。だから経営＝継栄なのだ。

「社用車」を見れば、会社の経営姿勢がわかる

行き届いた掃除は、お客様への感謝の気持ちを表している

いくら目先の業績のいい会社でも、社長の経営姿勢がいいかげんでは好業績を継続することはできない。会社が発展するために何よりも大切なのは、**目先の業績よりも経営姿勢**だと思うのである。

そして経営姿勢をよくするには、会社を支えてくださるお客様をはじめとする皆様に感謝するとともに、心を込めた仕事をすることである。この感謝の表現の1つとして私がこだわっているのが笑顔と掃除であり、細やかな気配りなのだ。

また、会社の経営姿勢のよしあしは**社用車の手入れの状態を見れば一目瞭然**である。商品配送車やお客様をお乗せする車の手入れが十分にされておらず、汚れたり傷だらけのまま平気で乗り回しているような会社に、果たして誰が誠実さを感じるだろうか。信用第一の経営をしているとはとても思えない。それどころか、信頼・信用とは裏腹の、目先の利益至上主義経営をしているのではないかと不信感を抱いてしまう。

お客様への感謝の気持ちを示すために、店舗・事業所内はもちろんのこと、その周囲に至るまで徹底して掃除をする。そして、お客様を訪問する時には、手入れの行き届いた社用車で行く。こうした行動が当たり前にできるということが、**会社への信頼に繋がる**のである。

経営のよしあしは「数字ではなく姿勢」にある

大切なのは過剰なサービスではなく真心からのサービス

名古屋の喫茶店の過剰なサービスは、今や全国に知れ渡っている。コーヒーを頼むとピーナッツやあられの小皿が付いてくるし、モーニングサービスと称してトーストやゆで卵はもちろん、きしめんや茶わん蒸しにご飯やみそ汁まで付いてくるところもあるという。

こうした傾向は、私がバッカスを開店した当時から商習慣としてあった。事実、銀行の融資担当者や焙煎業者の社長からは「100％の店が行っているから、モーニングサービスは絶対に行わなければダメです」と強くアドバイスされた。

しかし、**それは店づくりの本質ではない**と私たち夫婦は考え、モーニングサービスは一切行わず、しかもピーナッツ一皿に30円の値段を付けて販売した。その代わり、業界素人の私たちは接客サービスでは地域一番になろうと夫婦で誓い、「ようこそ!」と**明るい挨拶と笑顔でお客様をお迎え**した。それを続けるうちに、「気持ちいい挨拶が好き」「店の雰囲気がいい」という理由で常連になっていただいたお客様がたくさんいらっしゃる。

遠回りに見えても、おまけや安売りではない真心からのサービスを提供するほうが結果的には長く喜んでもらえる。**経営のよしあしは、数字ではなく姿勢にある。姿勢がよくないと経営は長続きしないし、よい結果も出ない**。私はそう確信している。

日本一の標語
「お客様、笑顔で迎え、心で拍手」

お客様なしに商売は成り立たないのだから接客を第一に考える

喫茶店バッカスを始めたのは昭和49年で、私が25歳の時だった。普通の店は出店しないような場末の立地で、モーニングサービスもなかったから、最初は苦労をした。朝7時に開店しても1人のお客様も来ず、10分、20分経ってようやくお見えになる感じだった。

だから、**毎朝1番のお客様の姿が店頭に見えると嬉しくて、私たち夫婦はドアが開く寸前まで拍手をしてお迎えした**。本当は席に着くまで拍手していたい気分だったが、初めて来たお店で経営者が拍手をして迎えるのを見たらびっくりするだろうと思って我慢したのだ。

営業時間帯には、ぽつぽつとお客様がお見えになった。新たにおいでになるお客様を迎える時は、心の中で拍手喝采してお迎えした。その時に作った標語が「**お客様、笑顔で迎え、心で拍手**」。これは感謝の気持ちをいっぱい込めた日本一の標語だと今でも自負している。

1杯150円のコーヒーを飲みに来られるお客様に、どうしてそこまでと思われるかもしれない。だが、やはり商売は接客第一である。特に食堂業は、お客様に来ていただかないことには成り立たない。だから、いくら感謝してもしきれない。

「初心忘るべからず」というが、ココイチを始めてからも、お客様への感謝は1日たりとも忘れたことはなかった。

「等級付け」することで
「自分の実力を客観視」
できる

経験を積み重ねて繁盛店のノウハウをすべて身につける

カレーハウスＣｏＣｏ壱番屋のオーナーとして出店するには社員ののれん分け独立制度、名付けてブルームシステム（ＢＳ）による方法がある。ブルームは「開花する」という意味で、私が独立制度を考えた時に名付けた。ＢＳで独立するには社員として店舗で働いて経験を積み、独立できるだけの実力と心構えを身につける必要がある。今では平均5年程度で独立していくが、それ以上に時間がかかる場合もあるようだ。

現在は独立できる実力があるかどうかを客観的に判断できるように、直営店の社員は9つの等級に分けられている。9等級は試用期間。8～6等級は補佐見習い。5～4等級は店長補佐として、売上を予測した適切な人材配置を行ったり従業員の教育を学びながら行う。さらに3～1等級は店長となる。独立資格が与えられるのは店長を務める3等級以上だが、等級を上げるための課題をクリアしていくことと、その過程での勤務姿勢も判断の基準となる。

出店スピードを早めようと思えば修業期間を短縮すればいいのだが、いくら繁盛店をつくるノウハウがあっても、店を運営する人間が成長しなければ結果は出ない。だから妥協せず、店の営業のあらゆる知識を身につけ、実際に店長として店を切り盛りして様々な経験を積ませる。それが成功の裏付けとなるが、それ以前に人間性が一番であることは言うまでもない。

より高いレベルを
目指すために
「評価はあえて厳しく」
する

全体のレベルを上げると改善点はいくらでも見つかる

現在はないのだが、ココイチにはかつて私が定めた店舗評価基準表というものがあった。これを使用して各店を評価していたのである。月ごとにFC本部直属のスーパーバイザー（SV）が店を巡回しながら店舗状況を観察し、他の評価点も加えてA（モデル店）からE（要契約解除店）までの8段階にランク付けしていた。また、Bは「優良店」「標準店」「下限レベル店」の3段階、Cは「妥協店」「下限レベル妥協店」の2段階に細分化されていた。

この8段階のうち、最も多いのはBc、次がBb、さらにCaと続いた。Bcは「CoCo壱番屋の目指す運営のレベルにかろうじて達している店舗」であり、Caは「CoCo壱番屋のレベルでは不合格だが、まだ改善の可能性が残されている」という店舗である。Aはもちろん、Baランクの店舗もなかなか出なかった。これは**到達する目標・理想を非常に高いところに置いていた**からである。改善点はいくらでもあるということなのだ。

もっとレベルを下げてもいいのではとの声もあったが、妥協してAやBaを増やせば、「うちのチェーンはこの程度です」と言っているようなもので、それは私自身納得できないことだった。いつの時代でも**現状に満足することなく、より高い目標を目指して頑張るところに人も会社も将来がある**と私は思うのである。

見習い期間に
必要なのはただひとつ、
「強い意志」である

伸びていく人は強い意志、謙虚さ、ひたむきさを持っている

どんな仕事にも見習い期間というものがある。この段階では何も必要ないと私は考えている。だからココイチでは学歴も経験も問わず、門戸を広く開けている。実際に入社する人の大半が飲食業未経験者である。

また、経験があったとしても、特典のようなものは何も付かない。むしろ**経験があると、それが災いになることも少なくない**。ココイチとは違うやり方が身についているので、その習慣を変えるのに苦労するのである。

その点、未経験者は何も知らないから、教えられることを素直に身につけていく。ただし「絶対に独立してやるぞ」という強い意志がないと仕事についていけず、挫折してしまうことになる。**意志、意欲は成長のモチベーションとして何よりも重要なものだ**。

実務はＯＪＴにより、お客様からも多くを教えられて成長できるが、ココイチオーナーとして独立を目指すのだから、人並み以上の努力は必要なことだ。それはどこの世界であっても、成功しようと思うのならば同じことである。

だからこそ店長やＳＶの**アドバイスに耳を傾ける謙虚さ、ひたむきさが求められる**。これらはあらゆる仕事で伸びていく人の条件と言ってもいいだろう。

苦労を乗り越えるところに「感謝の気持ち」が生まれる

夫婦が助け合って働くことが店の味になる

ＢＳで独立してオーナーになる場合、どうしても譲れない条件がひとつある。それは夫婦で一緒に働くということだ。１等級までいけば独身でも独立できるシステムにはなっているのだが、独立するのはほとんど妻帯者である。

なぜ夫婦にこだわるかというと、**夫婦が感謝を込めて仲良く頑張るところが町の食堂のよさであると**思うからだ。私たち夫婦がそうだったように、**二人で助け合いながら頑張ることが店の味になる**。だから、今でも夫婦が専業としてできることを条件にしているのである。

やがて力がついてきて片腕となる人が育ってくれば、夫婦で店に出る必要はなくなる。それでも、創業時に力を合わせて店を繁盛させようとした思いは忘れてほしくない。最初は利益が上がらず、自転車操業で苦労するかもしれない。私たちのようにパンの耳をかじるような生活をするかもしれない。しかし、その体験が財産となるのである（実際にはそうした事例は皆無に近いかもしれないが）。

苦しさを乗り越えると、お客様に感謝する気持ちが自分のものになり、真心のサービスができるようになる。それとともに、夫婦がそれぞれに対して敬意を抱くようになる。それが繁盛店を作り、もっと規模を拡大しようという原動力にもなるのである。

加盟店を任せる条件は「誠実」「意欲」「堅実」「生業」

加盟店オーナーは能力よりも人物重視で選ぶ

現在、カレーハウスＣｏＣｏ壱番屋ではフランチャイズチェーン（ＦＣ）の加盟店は募集していないが、創業期に十数人の一般加盟者があった。一般ＦＣ店は、ＢＳに比べれば早い出店が可能になるが、代わりに店舗の確保などにある程度の自己資金が必要とされた。

ただし、**十分な資金があっても加盟できるとは限らない**。なぜならば、その人がココイチのオーナーとしてふさわしいかどうか、人物を厳しく評価するからだ。

その際にチェックするのは、①**誠実**、②**意欲**、③**堅実**、④**生業**の４つである。自我が強く、人の話に耳を傾けないという性格だと、オーナーには向いていない。また、**人物的に器用であるとか、営業力があるとか、社交的であるというのも、マイナスに働く要素が大きい**。だから、本部の開発したノウハウを誠実に実行できる人、意欲を持って仕事に向き合える人、心身ともに健康で、夫婦仲がよく、飲酒・ギャンブルに浸らず、セルフコントロールの上手な誠実な人を重視していた。これはそのまま成功の条件にも繋がる。

４つ目の生業とは、**企業の多角化、サイドビジネスとしての加盟申し込みは１００％お断り**ということだ。ココイチは、私たち夫婦が始めた経営の形を大切にしている。お客様に笑顔で接して繁盛店にしたいという思いで加盟店を募集していた時期が、当初はあったのである。

お客様が求めているのは「満足」することである

値引きをするより、もっと大切なことがある

現在の飲食業界には安売りをすればもっとお客様を増やせるのではないかと考える人も多いようだ。何より、そうしなければ競合店にお客様を奪われて生き残れないという不安が大きいのだろう。私にはそれが理解できない。飲食業が提供する商品は買い回り品ではない。ココイチのカレーはココイチでしか食べられない。どこの店でもそこでしか食べられないものを提供しているのだ。それなのになぜ安売りをするのか。業界では**ココイチが値引きをしないで発展したのは七不思議の1つ**だと言われるが、私には**安易に値引きをするほうが不思議である**。

既存店の売上が前年比割れしたからといって、お値打ちセットメニューを出そう、価格を下げよう、らっきょうを無料提供しようといった検討は、私は一度もしたことがない（ライバル対策ではなく、真にお客様に喜んでほしいとの思いからする場合は別だが）。楽をして儲けたいタイプのオーナーが「なんとか値下げを考えてください」と言ってくると、私は「掃除をしなさい。一生懸命掃除をしていれば、落ち込み分はカバーできる。心を込めて自分で掃除をしなさい」と言っていた（とはいえ他力本願的なオーナーが掃除をするわけもないのだが……）。

お客様が一番望んでいるのは「満足」であると私は勝手に確信している。居心地のいい空間づくりと心の込もったサービスがお客様の満足へと繋がる。安いから選ぶわけではないのだ。

出血サービスをする前に「心のサービス」を徹底する

コストダウンは得るものより失うもののほうが大きい

もうずいぶん前の話だが、ある飲食チェーン店に明け方に入店すると、1人しかいない店員が客席カウンターに座り、突っ伏して完全に眠りこけていた。肩を揺すって起こすと、なんとか目は覚ましたものの、「いらっしゃいませ」の一言もなく、ふらふらと厨房へ入っていった。私はあきれ果てて、食事をせずに店を出た。**店員の行動から経営のだらしなさが見てとれた。**

そのチェーン店ではライバル対策の格安商法で売上を伸ばし、利益を維持しようとしていた。価格を下げて利益を得ようと思えば、代わりに何かを削る必要がある。その時にまず削られるのは人件費その他経費、そして仕入れ価格である。人件費を削る一方で現場の忙しさは倍増する。ミスも出やすくなり、従業員は疲労困憊する。これでは笑顔でお客様をお迎えするどころではない。最低限の日常業務すらおろそかになるのが目に見えている。実際、運営もだらしなくなり、強盗事件が頻繁に起きていた。これでは本末転倒である。

そんな経営をして売上を上げたところで誇れるものは何もないのではないかと私は思う。スタッフやお客様を含め、かかわってくれる皆が喜び合える経営でなければ意義がないとさえ思う。お客様に満足していただくためには、**出血サービスよりも心のサービスを高める**ことのほうがはるかに大事である。

経営の素人だからこそ「ユニークなビジネス」が生まれる

業界の常識にとらわれず、自己流を貫く

喫茶店を始めた時から、私は**業界の常識に全くとらわれなかった**。モーニングサービスを拒否したのも名古屋では常識外れだったし、それ以上におつまみを有料にしたのはそうだ。非常識と言われても気にかけず、お客様を気持ちのいい挨拶と笑顔でお迎えし、徹底的に接客に力を入れた。常連のお客様に専用カップを購入していただき、そのカップでコーヒーをお出しするマイカップサービスや、お客様の好みに応じてサンドイッチの辛子(からし)を抜くなど、独自の細やかなサービスでおもてなしした。具材にこだわった妻が開発した手づくりの軽食も大人気だった。

ココイチを始めてからもこの姿勢は変わりなく、**お客様にも社員・スタッフにも取引先にも喜んでいただけることをいつも一番に考えた**。また、社員ののれん分けでも全国展開でも、フランチャイズビジネスのパッケージそのものが**独特で自己流**だった。多くはまず自分たちの利益を優先するものだろうが、私は独立した社員が「頑張って独立してよかった。もっと事業を拡大しよう」という意欲が持てるようにロイヤリティはとらず、食材や備品を店舗に購入してもらうことにより、適正利益を得る方法をとった。だから、利益が上がればみんなが喜び、絶対にトラブルは発生しないのである。

これらは業界の常識からは外れていても、商売のやり方としては理にかなっていたと思う。

じっくりでいいから「成功事例」を積み上げていく

一番いいやり方を焦らずに見つけることが成功の秘訣

成功の秘訣は焦（あせ）**らないこと**だと思う。ＦＣ加盟店を募集してチェーン化を図っていた時も、加盟希望者は厳選していた。というのも、ＦＣは小規模独立志向者にとっては便利なシステムだが、加盟を希望する人はいわばビジネスの素人である。その分、つまらない問題が出てきて、悩むことになる。何よりも不良加盟店を出して、**のれんに傷をつけるわけにはいかない**。そのために、募集条件のハードルを上げていたのである。

しかし、それでは拡大のスピードはどうしても鈍くなる。その悩みを解決したのがブルームシステムの〝発明〟であった。入社して現場で実践を積み、一定レベルに達したら独立させるという制度を発足させたことで、独立を目指す優秀な人材が続々と集まってくるようになった。このシステムを導入したことにより、短期間で人間性を見極める難しさが付いて回ったＦＣ加盟店の募集を早々に打ち切ったのである。

これは、**じっくりでいいから成功事例を積み上げていきたい**という私の思いにも合致していた。結果的にこのやり方が功を奏し、トラブルなく拡大成長を続けることができた。

業界の常識を無視して、徹底した現場主義で道なき道を自分たちで切り開くことによって、壱番屋は着実に発展を続けたのだ。

「スタッフの人気」でお客様に来ていただくような店にはしたくない

初めてのお客様を大事にしたいからあえてお客様とは会話をしない

町の喫茶店というと、マスターが常連客と親しげに会話をしているイメージを持っている方もおられるだろう。しかし、バッカスを始めた当初から私はあえてそれをしなかった。**今日初めてお見えになったお客様に配慮したい**と思ったからである。

もちろん喫茶店は地域密着の店だから、常連客は大切にしたい。そこで専用カップにコーヒーをいれるプランを考えたのである。それがどんどん売れて、150種類ほどのコーヒーカップが棚にずらりと並んだ。常連さんがお見えになると、顔を見ただけでカップに手が伸びるようになった。だから、顔はしっかり覚えていたのだが、話しかけられてもせいぜい2往復の会話をするぐらいで、それ以上は話さないようにした。もちろん、常に感謝の笑顔は欠かさなかったから、不愛想であったわけでは全くない。

ココイチを始めてからはそれを徹底して、**「お客様の名前は覚えなくていい」**とスタッフには言っていた。常連のお客様は、スタッフから名前を呼ばれれば嬉しいと思う。だが私は、店長をはじめスタッフの人気でお客様に来ていただくような店にはしたくなかったのだ。

それより**分け隔てのないサービスでどなたにも満足いただくような店にしたかった**し、常連のお客様と同じかそれ以上に、今日初めてのお客様を大事にしたいと思ったのである。

経営者こそ、「たった1人で」仕事を楽しめる

好きな仕事を思う存分できるのは経営者の特権である

経営者は孤独なものであると言われるが、**私は孤独を感じたことは特にない**。悩みがあっても簡単に人には言えないなと思ったことはあるが、妻と一緒に仕事を行っていたので、いつでも相談することができた。意見が合わずに衝突することもあったが、目指す方向は同じだったから、孤独になることはなかった。それより事業を大きくする面白さが何倍も勝っていた。

孤独を感じなかったのは性格的なものもあるかもしれないが、何より会社に勢いがあったので、多少の困難があっても深刻に考える必要はなかったのだ。壱番屋は右肩上がりで発展し続けていて、社内にも活気があったから、やる気のある社員が多かった。そういう意味でも大きな悩みを抱えることなく順調に来れたように思う。

私が思うのは、**経営者こそ仕事を楽しめる**ということだ。私は人から言われて経営を始めたわけではない。そして、よりよくしよう、周囲の期待に応えたいという一心で行っているから、どんなにつらいことでもいとわずにできたのだ。

実際はそういう経営者ばかりではないかもしれないが、**仕事を自分の好きなだけ思う存分に楽しめるというのは経営者の最大の特権であり、幸せである**と私は考えている。だから、経営ほど面白いものはないと思うのである。

「過度な値引き」は
社員を疲弊させ、
サービスの質を落とす

「昨日の続きの今日、今日の続きの明日」で我が道を行く

景気がよくなると、飲食店の多くはより高いものを作って出そうとする。例えばランチのセットメニューでも、今ならセットにして何十円か安くするが、バブルの頃などは余計なものまで付けて価格を千数百円に上げていた。

そんな時代も含めて、ココイチは独自の価格戦略を貫いてきた。客単価も800円前後で変わらない。**景気がいいとか悪いとか、ライバルの動向がどうであるとかは関係なく、昨日の続きの今日、今日の続きの明日という考え方**で同じことをずっとやってきた。だから世間が値上げしようが値下げしようが、そうした動向は全く気にならなかったのである。

無理なディスカウントをすると身を削らなくてはならなくなる。例えば1時間に5人の接客をすればよかったものが、7人の接客が求められるようになる。社員は過重労働になるから離職率が上がり、肝心かなめの接客サービスも落ち、お客様も離れるという悪循環に陥る。

だから**適正に利益をいただいて、売上がわずかでも上がり続けるようにする**。その目標をクリアし続けることで、ココイチは店舗が増えるとともに増収増益となる仕組みができ、強靭な経営体質になった。ましてや私自身が人柄を見込んだ後継社長にバトンタッチをしたので、全く不安やストレスを感じることなく引退できたのである。

値下げしなくても「価値を認めていただける商売」をすればいい

値下げをして売上が増えたとしても喜べない

値下げをせずに適正利益をいただき、それでもお客様に喜んでもらうにはどうすればいいか。**お客様に価値を認めていただけるような商売をすればいいのである。**

競合他社との差となり決め手となるのが接客であると私は確信している。ココイチでは、どこまでいってもお客様はありがたい存在という考えのもと、一貫して接客に力を入れてきた。商売をしていてお客様を無視するなんてとうていできないし、無愛想な態度で接客することもできない。それを妥協してまで経営する意味がないほどに思っていた。

しかし、わかっていても忙しさにかまけて、ついお客様に不快な思いをさせてしまうことが残念だが山ほどある。アンケートはがきを読んでいても、接客態度についてお叱りを受けることは少なくない。何十年やっても、**接客には「もうこれでいい」は絶対にない**。だから逆に、こだわり続けていたのである。

その代わり、安売りはしない。業界を見ていると、安売りをするのは大概ライバル店を意識しているからだが、ココイチは他店を意識していない。私はお客様から「安いから来た」と言われる商売はしたくなかった。「安いから」と言われても嬉しくなく、むしろ恥ずかしいと思う。**「安くなくても来たい」と言っていただけるような味と接客で勝負**したいのである。

「社員の心」をつかまないと右肩上がりは考えられない

誰よりも働くという姿勢を見せないと社員に信頼されない

右肩上がりの経営を続けるには、社員の気持ちをつかむことが欠かせない。それがうまくできないと、社員は他に有利な条件の会社があればすぐに転職してしまうし、会社の方針に不満を持つと我慢できずに辞めてしまう。

では、どうすれば社員の気持ちをつかむことができるのか。その一番の方法は、**経営者が積極的に現場に出て、社員に声をかけ、ともに汗を流す**ことだと私は思う。**自ら先頭に立って働く姿勢を見せる**ことが社員の信頼に繋がるのだ。その結果、増収増益が続き、すべてがうまくいく。給料も上がり続けるので、社員もますますこの会社で頑張ろうということになる。

ところが、2代目3代目の経営者になると幼少期から何不自由なく暮らし、友人も豊富、趣味も多彩なので、今さら創業社長のように朝一番に出社して現場主義を貫こうという考えにはならないようだ。私は、若くして事業承継した社長から助言を求められると「誰よりも汗をかいて仕事を行いなさい」とアドバイスをするのだが、実践する人はなかなかいない。

今は、経営者でも社員と同様に休みをとる人も多い。それでも経営がうまくいっていれば社員は許してくれるだろうが、失敗すると一気に気持ちが離れてしまう。**会社の発展なくして社員の期待に応えることはできないのだから、社長がどこまでも頑張り続けることが重要**なのだ。

「公明正大」であることは経営者の基本である

ルールは厳しく守り、公私混同は絶対に避けること

公明正大であるということは経営者の基本である。しかし、細かなことを言うと、自分や家族の飲食代を交際接待費で落とす社長はけっこう多い。厳密に言えば、それは脱税行為である。2000円、3000円であれ、私的に飲み食いした費用が必要経費で落ちるわけはない。そういう社長個人としての生き方も含めて、**後ろ指を指されないような経営者であり続けることが絶対に必要なのだ。**

細かなところがルーズな人は、一事が万事で経営全般が甘くなりやすい。えてして物事は小さなことがだんだん大きく発展していくものだ。「このくらいはいいだろう」で始めたことが、少しずつ大胆になっていって、何でもかんでも「このくらいはいいだろう」になってしまう。そんな思いで経営していたら、いつまでたっても黒字すれすれ経営が続くことになるだろう。

私は人目を気にするタチなので、個人や家族で食事に行った際には領収書はもらわない。いちいち領収書を要求して、ちっぽけな社長と思われるのも嫌である。店によっては領収書を書いてくれることもあるが、私はすべて断っている。それを会社の経理に提出することを思うだけで、恥ずかしいのだ。**ルールは断固守らなくてはならない。経営でも人生でも成長発展の基本は〝姿勢〟なのだ。**

長持ちするのは「真面目でコツコツ」続けられる人である

自分の得だけを考える人は、最終的にうまくいかなくなる

私が経営者時代にFC店の加盟契約を結んだオーナーは、基本的に真面目な人ばかりだ。**人間性が経営の命**なのである。しかし、中には順調に売上が上がると変な自信がついて、「こんな商売であれば自分なりに行いたい」と、加盟店から外れて自分独自の飲食店を始める人もいた。本来、同業態のカレー店は出せない契約になっているが、それすら無視している人もいた。

しかし、結果を見るまでもなく、そういう店は長続きしないで潰れてしまう。そのオーナーは、カレー店経営はシンプルだからできると簡単に思ってしまったのだろうが、ココイチのシステムはトライ・アンド・エラーを繰り返しながら綿密に作り上げてきたものなので、表面だけ真似てもだめなのである。

その上、お客様の信頼を得ている「カレーハウスＣｏＣｏ壱番屋」という屋号がなくなるわけだから、うまくいかなくなるのは当たり前と言えなくはない。

営業時間を守らない店というのもあった。お客様から情報が寄せられ、まさかと思って何度かこっそり見に行ったが本当だった。その店には指導と警告をしたあと、契約解除を通告した。

ウサギとカメの話ではないが、**長期的に成功するためには、真面目にコツコツ続けることが不可欠である。自分だけよかれと考え行動する人は、何をするにしても失敗する確率が高い。**

外国人労働者の「やる気を引き出す」には、豊かになる方法を教えてあげればいい

お客様を増やすことが報酬に直結することを理解させる

コンビニや外食産業あるいは製造業でも、外国人労働者の比重が大きくなっている。今後も大いに期待したい。彼らは目標を持ち、向上心のある人が多いと思うが、中には文化の違いなどからトラブルになったり、社員教育をしてもなかなか浸透しないなどの問題もあるやに聞く。

ココイチは中国に出店しているが、最初の頃はやはり苦労した。みんな、「決められた範囲の仕事しかしません」という人ばかりで、フロアがいくら忙しそうにしていても、厨房のスタッフが手伝いに出てくるようなことは皆無だった。

ところが、1年後に同じ店に行くと、日本の店より接客がよくなっていた。それを見た時は本当に驚き、感動すら覚えた。前回来た時とは、明らかに店の空気が変わっていた。

その間に何をしたかと言えば、日本流のおもてなしの心をしつこく教えたのである。その結果、お客様が増え、売上が伸び、給料が上がった。彼らは、**教えられた通りにやればそれが報酬に跳ね返ってくることを理解し、仕事に魅力を感じるようになった**のだろう。

国籍を問わず、誰にでも物心両面で豊かになりたいという気持ちはある。だから、そのためにはどうすればいいかを具体的に伝え、彼らの**向上心や競争心を引き出してあげればいい**。例えば、笑顔の接客を評価してあげれば、競って一番になろうと頑張り出すものなのである。

店舗拡大をしつつも「失敗店を出さない」ことが大事

世間の風潮に流されず、自分なりの仕事の仕方を貫き通す

開業から5年が経過した頃、ココイチは24店舗を擁するチェーン店として地元での知名度が上がってきていた。当時はちょうど居酒屋チェーン、ハンバーガーチェーンや持ち帰り弁当チェーンなどのFCの全国展開が加速し、急成長ビジネスの主役としてマスコミなどに取り上げられ、その主宰者が脚光を浴びていた時期だった。

普通の経営者であればここで勢いに乗って、「全国に100、200の店舗体制を確立する」と大きな目標をぶち上げるところだが、私は一線を画し、まずは愛知・岐阜・三重を中心に東海地方で店舗を拡大していくことを念頭に置いた。**店舗の数を一気に増やすより失敗店を出さないこと**を第一に考え、1店1店着実に伸ばしていく方針だったのである。

当時から私は、**「大きな目標は持たず、1年必死で働けば届く目標を立て、それを繰り返す」**ことをモットーとしていた。それは自信の裏付けでもあった。素人で始めた喫茶店経営からそこにいたるまで、ほとんどすべての店がスタート時の売上は低かったが、だんだんと売上が伸びてきた。だから、とにかくお客様第一主義を貫いてさえいれば大丈夫だと確信していたのだ。

「急がば回れ」と言うが、**周りに流されず自分なりの仕事の仕方を守っていくことが長持ちの秘訣**なのである。

地域社会の役に立ってこそ「商売をする意味」がある

売上や利益よりも、まず地域に役立つことを大事にする

最近は人手不足で、コンビニなどの24時間営業の是非が問題になっている。私は同一商圏の全店舗が24時間営業をする必要はないと思っているが、今の日本人の生活スタイルを考えると、深夜営業をするコンビニも生活エリアに1、2店舗は必要ではないかと思う。ただし、やる気があって、もっと商売を拡大して収益を上げたいというオーナーは24時間営業をすればいい。それが地域の人たちのお役に立つのであれば、長時間営業は決して悪いことではない。

商売を行う限り、人のお役に立たないと意味はない。夜遅くまで仕事をする人や夜勤の人は、仕事終わりにカレーを食べたいかもしれないし、コンビニでアイスクリームを買って帰りたいかもしれない。そういう人にとって24時間営業の店は役立っているはずだ。ただ、同一地域に同じ店が何店もあるのに、すべて24時間開けておく必要はないかもしれない。

いずれにしても**商売は自分の都合ではなかなかできない**ということだ。もう体力勝負の時代ではないと思う人も多いかもしれない。しかし、自分の身を捧げてでも、**お客様のため、地域のために、真心込めて働くのが経営であり、経営者の本質**だと私は思う。売上や利益よりも地域のお役に立つことを大事にする。そのために感謝の気持ちでお客様を迎え、笑顔いっぱいで商売をする。商売とは元来そういうものだと思うのである。

ココイチは、2005年5月2日、東証一部に上場を果たした

第4章

どんな場面でも切り抜ける「宗次流経営論」

経営は「継栄」でなければ意味がない

増収増益を続けていれば経営の問題は何も起こらない

継続して栄え続けるのが理想的であり、本当の経営である。だから経営は「継栄」だと私は常々言っている。「継栄」という言葉は私のオリジナルである。小さな喫茶店から事業を始め、朝早く起きて夜遅くまで働く生活を続けてきた結論がこの言葉に集約されている。

増収増益の経営を続けることによって会社は大きくなる。時流に乗って起業して好業績を上げ、世間の注目を浴びる社長はいつの時代にもいるが、結果を見れば「太く短く」で終わってしまっている場合が多い。それでは意味がない。

では、「継栄」には何が必要なのか。それは成長戦略と目標である。目標があれば社員はなんとしても達成しようとするし、経営者は経営に邁進できる。ダイエー創業者の中内㓛さんは**「売上がすべてを癒やす」**という言葉を残しているが、増収増益で数字が上がり続けると経営上の問題は起こらないのである。

優勝劣敗の厳しい時代、経営者は脇目も振らず経営に専心する必要がある。自分の時間を犠牲にしてでも業績を上げて、多くの人の期待に応えなくてはならない。**増収増益を続けようと本気で思うのであれば、遊んでいる隙(ひま)などない。**経営がうまくいくことこそが、経営者として最高の喜びだと私は確信しているし、それが何より幸せなことだと思っている。

「シンプル」に考え、ただ「ひたすら実行」する

「できない」ではなく「やってみよう」からスタートする

経営はシンプルに考えることが大切である。例えば、お客様から営業時間延長の要望があれば、費用対効果を考えて「利益が出ないのでできません」と簡単に切り捨てるのではなく、まずは「お客様に喜んでいただけるのなら行いましょう」と、やる方向で考え、スタートする。もちろん、問題点を克服したり努力することも必要になるが、要望を実現すればお客様には喜んでいただけるし、やがては売上も増える。いわゆるWIN・WINになる（もっとも、そこまでして経営をしたくないという社長さんには論外かもしれないが）。

物事は**シンプルに考えると簡単に答えが出る**。福利厚生でも会社の事業展開でも、**理屈を優先させるとなかなか前へ進まない**。しかし、一歩踏み出してみれば、最初は大変でも少しずつ成果が上がり、よくなっていく。すると、「あの時やっておいてよかった」となるのである。

壱番屋がまだ未上場の時、福利厚生と待遇を地域一番にしようという目標を掲げた。その一環で社員食堂をつくったり、キャンピングカーを購入したりした。収入を上げたいという社員のために年俸制も導入した。社員が喜ぶことをしたいと、様々なチャレンジをしていた。

すべて増収増益だったから実現したのである。だから、掲げた目標を達成するために値引きもしなかったのである。これらは常識にとらわれずシンプルに考えたからできたことである。

まず「実行」してみる、
そうすれば「結果」は
すぐに出る

どんな計画であっても実行しなければ意味がない

私は、創業当時より事務所に「**理論より実践　最初に理屈でなく、最初は行動である**」という言葉を経営哲学として掲げた。

この思いで経営を続けた結果、私流の行き当たりバッタリ経営となり、ことごとくうまくいった。

頭の中ではいつも「どうすればうまくいくのか」ということばかり考えていた。自称三流経営者の私でも、とにかくいい経営をするには、という前提で日々取り組んでいたのだ。

そんな中から、「これは今行おう」「ちょっとここを変えてみよう」というアイデアが浮かんできたのである。

だから、**超がつくほどの現場主義**を貫いてきたのである。**用意周到に準備して始めたことはほとんどなかった**。

どんな計画でも、それを実行しなければ意味はない。それができたのは、私の選んだのが食堂業で、ライバルを気にする必要がなく、自分の店のお客様だけを大事にすればよかったことも幸いしたように思う。

決算書が読めなくても「増収増益」であれば大丈夫！

適正利益をいただいても増収増益になるような経営をする

経営者は理屈抜きでなにがなんでも増収増益を目標とすることだ。いくら風通しのいい会社にしたとしても、ある程度の収益を上げ続けていないと社内にはいろいろな不満がくすぶってくる。だが**増収増益であればどんな三流経営者でもうまくいく**。これが私流の経営手法である。利益を上げるためにリストラを断行して、減収増益にするという手もあるかもしれない。確かに売上がすべてではないし、収益のほうが大事だろう。しかし、私は考えたこともない。あくまでも売上を伸ばし、それに伴って利益も上がることを目標にしてきた。

営業利益率の目標は特に持っていない。決算書が読めなくてはよい経営ができないとよく言われ、税理士セミナーを受講する経営者もいる。しかし、決算報告の細かなところがわからなくても、「とにかく増収増益で、かつ放漫経営でなければ経営はうまくいくに決まっている」とシンプルに考えている。

設備投資にいくら使おうが、求人費や教育費にいくらかかろうが、私はほとんど無関心というか、気にしなかった。増収増益であれば、必要な経費は使えばよいのだ。何より社員の給与も上げ続けられる。また、世の中に〝まさか〟の事態が起こっても慌てなくて済む。

これが誰がやってもうまくいく**宗次流の独断と偏見の経営論**である。

なぜ「値上げ」をしてもお客様の心は離れないのか

同業店に負けない高いレベルのQSCを目指す

材料費や人件費の値上がりは価格に影響を及ぼす。ココイチでは、できるだけ同じ価格でカレーを提供したいと思っていたが、やむをえず値上げをしたことは何度かある。しかし、それで売上が減少したことは一度もない。

その理由は、QSC（クオリティ・サービス・クレンリネス）という三大要素のレベルが他店に比べて高い所にあるからだと自負している。特に、接客第一主義を貫いてきたことによって、ココイチの魅力がお客様に、まだまだとはいえ、かなり伝わっているように感じる。

スタッフが明るく元気に働いているお店、いつ行っても歓迎してくれるお店には、お客様も時々行ってみたくなるし、知人友人を誘って行きたくなる。私たちはそういう店づくりを目指してきた。お客様が見るのは値段だけではない。おいしいことは当然だが、店やスタッフの雰囲気も気になるものだ。SNSによる話題作りもいいが、地道な従来型の口コミが大事なのだ。

だから、競合店がディスカウントをしても一切関係ない。一時的に売上が落ちることはあるとしても、月間や対前年比で見ると全く影響がない。私が経営をしていた頃から、ココイチは**「安いから来る」というところには価値を置いていない。**むしろ、そんな商売は行いたくないと思ってやってきたのである。

経営者が身を削って
やれるかどうか、
それが「成功と失敗の
分かれ道」になる

経営者が勘違いすると必ず油断が出る

私は自分のことを「天下一品　筋金入りの三流経営者」だと思っている。自分のことを一流経営者だと勘違いすると、必ず油断が出る。交際範囲が広がって友人が増え、ファッションにこだわり、趣味が多様化するなど、個人的な欲求を満たすことを優先するようになる。経営者でなければ勝手だが、責任が大きく重い経営者にはいかがなものかと思う。

私がよく言うのは、**経営者は経営に身を捧げよう**ということだ。今の時代、これと決めたことに自分の身を削る覚悟を持って必死になって取り組まないと、経営はうまくいかない。**あれもこれもと手を出してもうまくいったのは過去の話だ**。

高度経済成長の時代は、社長がいなくても業績が上がるという会社がほとんどだっただろう。しかし、今はそうではない。

バブルが崩壊して30年になるが、講演会などで経営者に話を聞くと「今がいちばん悪い」「まだまだ厳しい」と言う人が多い。だが、明日から先を見ると、もしかすると今が会社を立て直す最後のチャンスなのかもしれないと考えるべきなのだ。

だから、経営者には遊んでいる隙はない。**役員・管理職に無理強いする前に、自分自身が経営一途の真剣な姿勢を見せること**。それが成功と失敗の分かれ道になる。

仕事が面白ければ「無休・長時間」でも平気で働ける

人生に経営より面白いものはない

喫茶店を始めた頃、**営業時間は実働12～13時間ぐらい**だった。ある日、車での帰り際に自宅近くの私鉄電車の踏み切りで、疲れ切って夫婦２人とも寝てしまったことがある。また帰宅後、風呂釜に火をつけたまま寝てしまい、沸騰してぼこぼこと煮えたぎる音で目が覚めたことは何度も経験した。

だからといって、つらい、苦しいと思ったことはない。逆に、「こんなにまで頑張っているんだ」と自分たちに満足して、翌日も早く起きて「さあ、今日も頑張ろう」という気持ちで家を出た。**いくらでも働けたし、体調不良で休むということも一度としてなかった。**

そんな毎日を繰り返しているうちに、だんだんお客様の評価を得て、２、３年のうちに地域一番の店になった。**どうしてそんなに働けたのかと言えば、仕事が面白かったから**と答えるしかない。25歳で喫茶店をオープンしてからは仕事以外にほとんど興味なかった。お酒も飲まず、友達付き合いもせず、変人と呼ばれても気にせず、仕事一本やりの日々を過ごした。

たまに「そんな人生で満足なの？　なんで遊ばないの？」と聞かれることもあるが、経営より面白いものを見出せなかったのだ。自分が考えて実行したことがうまくいって、数字も業績も上がっていくのだから面白いに決まっている。これ以上の人生はないと思っている。

経営者は「上位2割の社員」を動かせ！

優秀な社員が2割いれば増収増益は可能である

従業員全員が有能であれば経営も楽だが、力量・姿勢の差はどうしてもある。ココイチは接客サービス業だから、やはり向き不向きがあって、その差は簡単に埋めきれない。自分なりに頑張っている人に直接的に「向いていない」とはさすがに言わなかったが、それでも成長が見られない時は、向いた業種に変わったほうがいいのではないかとアドバイスしたことはある。

私の経験上、**従業員をＡＢＣ評価するとおおむね２：６：２ぐらいの割合**になる。だから、経営者としては、上位２割の人たちに全体を引っ張ってもらい、残りの８割の人には給料分だけ働いてもらえればいいというイメージを持てば、日常のイライラも大幅に軽減されるだろう。経営者を退いてからの実感だが、**優れた社員が２割存在していれば、増収増益を続けることは可能**だと思うのである。

とはいっても、８割の人たちが現状に甘んじているのを見ると「なぜもっと上を目指さないのだろう」と物足りなく思う。休日を使って同業他店を見学したり、ココイチの繁盛店を見てどこが評価されているかを考えるなど、行おうと思えばできることはたくさんある。そこから上位２割に入れるかもしれない。自分の人生はいくらでも自分で切り開くことができる。どうせ働くのであれば、そういう意欲を持ってもらいたい。

経営者の本気が部下に伝われば無理なく「片腕」が育つ

ＯＪＴで経験を積ませ、経営者自らが働く姿勢を見せる

会社がしっかりとした目標を持って成長していくと、社員も目標と張り合いを持って頑張るようになる。そんな中からどこまでも社長についていこうという人たちが出てくる。ココイチでも、彼らが能力を身につけ、やがて幹部となり、営業網が全国展開していく過程で核となって活躍してくれた。**会社が成長するに従って必要な人材が自然と育ってきた**というのが私の実感である。よく言われるように「肩書が人を育てる」のだ。

後継者となりえる人は１人いればいいと私は思っている。その１人をどう育てるかと腐心されている経営者も多いようだが、私の場合、この人と見込んで特別に教育したりすることはなかった。ＯＪＴで経験を積んでいく中で、**私の背中を見ながら勝手に育った**という感じである。だから、後継者問題で危惧を感じたり、悩むことはなかった。

社長が本気になれば、２割の社員は「管理職・幹部を目指そう」という気持ちになって働いてくれる。そういう社員がやがて管理職となり、また認められて役員の座を射止めるのだ。逆に、社長が本気でなければ、それは部下に伝わってしまう。

後継者問題の考え方も、基本はこれと同じだと思う。だから経営者は、理屈抜きで一生懸命働くに限る。

成長の原理は「常に目標を追って必達する」こと

上がったところをゼロ地点として、さらに積み上げていく

私は常に目標を追っていた。その期の目標はなにがなんでも達成しようと必死で向き合い、期が変わるとすぐに次の目標を立てた。税理士から決算報告を受ける前に、すでに前期の売上・利益はおおよそわかっているから、「次はこれでいこう」と今期の目標を決めていった。目標であるからには、当然、上積みである。

経営者の中には、想定した利益や売上よりも上振れがあると警戒する人もいる。急激に伸びると、継続的に伸ばすのが難しくなると考えるからだろう。しかし、そこでさらに伸ばさないと急激に伸びた意味がない。**たとえ2桁成長したとしても、着地点をゼロ地点として、次の期はそこから0・5ポイントでも上積みをする。それを繰り返し続けることが成長の原理になる。**

マラソンでも同じだろう。自己最高タイムを出したら、それを1秒でも上回ることが次の目標になる。上がったところをゼロとして、さらに積み上げていこうと努力するから成長できるのである。

業績がよかったからと油断したり一息ついているようでは、なかなか右肩上がりの成長は望めない。**毎期、目標をより高く掲げて必達を目指すことが大事**であり、その実現が経営者には無上の喜びとなるのである。

増収増益ができないのは経営者の「よそ見」が原因である

業績には経営者の姿勢がすべて反映されている

増収増益ができないのは、経営者が油断し〝よそ見〟をしている場合が多いのではないかと思う。何度も繰り返すが、業績も大事だけれども自分の楽しみも大切にしたいという経営者が多すぎる。この厳しい時代では経営者が暢気にゴルフなどをしている余裕はないと断言できる。

昔は、金融機関が主催するゴルフコンペがよくあった。お誘いを受けた時に私は「金融機関がお客様の経営の足を引っ張るようなことをしていいのですか」と冗談ぽく言ったことがある。

その銀行の支店長の答えは、コンペの参加確認のファクスを流すと、「もっと経営を頑張りなさい」と言いたくなる会社の社長ほど〝参加〟に○を付けてくるというのだ。逆に「御社は業績がいいのだから、たまには出てください」という会社の社長は〝不参加〟なのだという。

それを聞いた時、なるほどと思った。やはり**経営者の姿勢が業績に反映されている**のだ。

経営者といえども時には休みたい、趣味を楽しんで気分転換もしたいし、経営のことをしばし忘れて友人と楽しい時を過ごしたい――そう思うのは当然かもしれない。実際そういう経営者は多いだろう。しかし、変人の私はそんな気になることはほとんどない。**社長業以上に価値があるとは思えない**からだ。どう考えるかは経営者次第だが、そんなところから経営に対する姿勢が見えてくることは、決して忘れてはならないと思う。

安定経営の秘訣は「情熱を注いで太い幹を育てる」こと

コツコツ積み上げて大きくなったものは強い

ココイチに限らず、別業態を柱にまで育てるのはそうそう簡単なことではない。本気で取り組まなければ、決してうまくいかないことなのだ。

私が思うのは、**ゼロからコツコツ積み上げて大きくなっていったものは強い**ということだ。新たな事業を考えるにしても、多くの人の意見を聞いて始めるのと、強烈な個性を持った１人が独断と偏見も含めてトップダウンで始めるのは違うということもあるだろう。結局、たくさんの人の知恵を結集して形にしても、先行例と似通ったものしか生まれないことが多い。

新規事業を立ち上げる時は、最初は全社挙げて力を入れる。しかし、半年もすると、もう熱が冷めてしまったのではないかと思うことさえある。事業を育て上げるまで情熱が続かないのである。人材不足で期待できる社員を新規事業に投入できず、仕方なく窓際的な存在の人を配置している会社の話も聞く。

そんな大変な思いをして新規業態を開拓するより、M&Aで拡大するほうが楽だという考え方もある。しかし、情熱を注ぎ込まなければ何をしてもうまくいかない。成功は初めの一歩からという。**1店からスタートしたら年を追って2店、3店と成長させればいい。それが10年20年後にはすごい事業になる。**結局、安定経営にはそれが一番の近道なのである。

銀行との付き合いでいちばん大事なのは「約束の厳守」である

当たり前のことを実行し続けることが信頼に繋がる

私は融資で苦労をした経験がない。ココイチの経営者時代、ピーク時で155億円を借りていたが、全金融機関を通じ、ただの一度も断られたことがなかった。その理由は、銀行と約束したことをきちんと守ってきたからだ。返済は一度も滞ったことはない。**約束通りに返すのは当たり前だが、それを実行し続けることが大きな信頼になっていく**のである。

また、現場で一生懸命働いている姿勢や、掲げた目標を必ず達成していることも評価された。私の場合、メインバンクが地域密着の信用金庫だったので、経営情報が本部に上がったとしても、「次の案件があったらとにかく貸そうと決めていた」とまで言われた。**事業を成長させ、一生懸命、真面目にやり続けることが経営上の大きな財産になる**のだ。

事業の拡大とともに都銀・地銀も含めて多くの銀行と取引したが、どこも「うちのお金を使ってください」と好意的だった。

業績を上げると、資金の問題はひとつとして起きない。中長期の経営計画書はもちろん提出するのだが、**先のことよりまず今期の目標を達成することが一番**なのだ。何度も言うように値下げを一切しないから、為替の差益差損程度の影響はあったとしても、出店して売上が増えれば粗利は変わらない。自然に増収増益になっていく仕組みなので、私でもうまくいったのだ。

すばらしい後継者に恵まれることは「経営者最大の喜び」

最高の後継者を得て、何ひとつ後悔なく53歳で引退

私は２００２年に53歳で経営者を引退した。後継者は19歳の時にアルバイトで入社して以来、常に私たち夫婦の近くにいて、店舗拡大やＦＣ店の指導に尽力してくれていた浜島（当時副社長）だった。彼は熱血漢で誠実、公明正大の上、社長としての能力も申し分なかった。

だから２００１年５月の時点で彼に「社長をする自信がついたら、いつでも言ってきてほしい」と告げていたのだ。すると５か月後ぐらいに、「来期から社長をさせてほしい」と言ってきてくれた。想像より早かったので一瞬戸惑ったが、すぐに嬉しさが込み上げてきて、彼の勇気ある申し出を大きな歓迎の気持ちで受け入れた。

「なぜ創業から苦労して育て上げた会社を血縁者でもない人に、その若さで委(ゆだ)ねることができたのか」とよく聞かれる。その理由はココイチ経営者として後悔なくやり尽くしたとの思いがあったからだ。私たち夫婦には一人息子がいるが、私も妻も、子供を後継者にとは只(ただ)の一度も考えたことがなかった。彼には自分の道を自分で見つけて歩んでもらいたいと思っていた。

だから私は、先の質問に**「日本一の事業継承の成功例です」**と答えている。同時に、**「経営者として最大の喜びはすばらしい後継者に恵まれること」**だと胸を張って言える喜びを、今もなおかみしめているのである。

前に進むためには「執着しない」ことが大事

先を案ずるより、その時々に全力で立ち向かうほうがいい結果が出る

人生も仕事も経営も、目標を達成するために執念を燃やすのは当然である。犠牲を払うこともあろうが、それぐらい没頭しないと何事もなしえないと言えるかもしれない。しかし、執着しすぎるのはよくない。なぜならば、「ここぞ」という時の思い切りが悪くなるからだ。

私の場合、**執着しなかった分、気楽だった**ように思う。不動産業をやめる時も繁盛していた喫茶店を手放す時も数分で決めた。次に進むためなので、もったいないとは思わなかった。

不動産業は、お客様応対は日に数人ぐらいだったが、それでも十分に利益を得ていたので、これは楽な商売だと思ったけれども、喫茶店の魅力に取りつかれた途端、後先を考えずに「やめる」という結論を出し、即、廃業届を出した。

その喫茶店も、開店後2～3年で超繁盛店となり、楽しい商売だと思ったが、ある日突然、「今月でやめます」と宣言して「カレーハウスＣｏＣｏ壱番屋」に全力を注ぐことにした。お客様は慌てていたが、私自身は次なる発展に向かうのだから、微塵も未練がなかった。

今、名古屋でやっている音楽ホールも同じで、土地が買えたので作ろうと思い立った。計画性は全くゼロである。なんであれ、**後ろ髪を引かれたままでは前に進めない**。だから執着するのではなく**一瞬一瞬に全力を傾ける**。そのほうが楽しいし、結果もいいことが多いように思う。

宗次ホールの前で、
お客様を出迎える

第5章

成功のためになくてはならない「助け合いの精神」

自分のためではなく、「人のために」お金を使う

助けられて今があるのだからお返しをするのは当然のこと

世の中は助け合いで成り立っている。子供の頃、「目の前に困っている人がいたら見て見ぬふりをするのではなく、助けてあげなさい」と教わった。だから、大人になってそれができるくらいの豊かさを身につけたら、躊躇なくそれを実行しようと思っていた。

私自身、父親のギャンブル狂いで極貧の生活を送ってきた。大変な父親ではあったが、それでもなんとか期待に応えて喜ばれたいと思った。同時に、周りの人に気を遣(つか)いながら生活していたので、人様に迷惑をかけたくないという気持ちが蓄積されていたように思う。

とはいえ、結婚するまでは自由になるお金もなかったのだが、経営者になってみると、たくさんの方の支えで経営させてもらっていることに感謝の念が湧き出てきた。同時に子供時代のことが思い返され、最初は小さな額から寄付を始めるようになった。**寄付やボランティアができることがありがたいと感じる**のである。それどころか、時には最高の贅沢とすら思う。

貧乏をした人が社会的に成功すると、反動で豪遊し始めることがあると聞く。しかし、それは私にとっては最も恥ずかしいことである。それは人としての義務だと思う。経営者であれば、なおさらである。**金銭的に余裕ができたのならば世の中にお返しをしていく**。それは人としての義務だと思う。経営者であれば、なおさらである。

企業活動は「地域社会の支え」なしには続けられない

自分のためではなく、人のために何をしてきたか

何度も繰り返すが、何事も最初の一歩を踏み出すことが難しい。それでも勇気を出して踏み出してみる。一度、踏み出したら前を向いて自信をなくすことなく、苦難に耐えながらも継続する。仮にうまくいっても気を抜かず、人任せにせず、持続し続ける。結局、それが大きな成果を生むのである。私自身はそういう考えで経営を行ってきて、後悔することはなかった。

しかし、経営者もいろいろである。成功したら現場仕事は社員に任せ、稼いだお金で自分の好きなことをしたいという人もいるだろう。おそらくそういう社長は、赤字すれすれの時があっても、自分の欲求を満たすことができたし、友人も増えたということに満足して、「ああ、いい人生だった」と思うのだろう。

価値観が違うのだから、どちらが正しいとか間違っているとは言えない。ただ、自分の欲を優先した経営人生を送ってきた人に、他人や地域社会への〝助け合い〟をどれほどしてきたのか？　と問いたい。

企業活動は周りの方たちからの支えなしには存続できない。それをよく考えてみることだ。せめて経営を退いた時に、余生で地域貢献をするなり、社会貢献を行うなり、**今日までのお返しをして感謝の意を示す**必要があると思うのである。そして寄付はその一番の方法である。

「余裕がない」は
逃げ口上でしかない

経営者は環境や人に対して優しくあってほしい

企業には課せられた使命がある。まず雇用を創出して、利益を上げ、税金を納めるということ。これは最低限のラインで、当たり前のこととして行う必要がある。その上で、利益を社会に還元していくことが求められている。**社会貢献活動を積極的に行うことは、広がる格差社会の解消に向けて、経営者にとって必須の課題になる**と私は考えている。

「寄付をしやすくするために欧米のように税制を変えないと……」と言う人も多いが、節税のために社会貢献をするわけではない。目の前に困っている人たちがいるのであれば手を差し伸べようというだけの話である。そういう姿勢があれば、税制がどうであれ、企業にできることはいくらでもあるはずだ。社会貢献はしたいけれど「余裕がない」と言う経営者もいる。しかし、それはいちばんの逃げ口上だ。**金額ではなく、その気があるかないか**が問われているのだ。

助け合いは金額ではない。普段、経営者が交際費として使っている2万、3万円が、必要とする人にとってはその何倍もの価値を持つことだってあるのだ。

経営者には環境や人に対する優しさが必要だと思う。企業を取り巻く皆さんの助けがあって、いい会社経営をさせていただいているのである。会社が大きくなったのは決して経営者1人の才覚によるものではない。そこのところを勘違いしないようにしたいものだ。

社会貢献活動を行うことは「企業の義務」である

額の多い少ないにかかわらず、経営者にできることはたくさんある

近年、ＳＤＧｓ（持続可能な開発目標）という言葉が使われるが、**企業活動には社会的意義が絶対に必要**だ。社会の一員として地域にある以上、社会貢献の姿勢は欠かすことができない。「あなたの会社が地域にあって幸せです。他の地域の人に自慢ができます」と言われるような会社にするのが経営者の務めだと思う。ココイチには「ぜひ出店してほしい」という要望が非常に多いし、近くにあることを自慢してくださるお客様も多く、それは誇りでもあった。

また、今は経済的格差の拡がりで貧困家庭が増えている。子供が一人で食事をする機会も多い。そういう子供たちに温かい食事を、何より会話を楽しみながらの食事を与えたいと、子ども食堂のような活動が行われているが、どこも一様に運営資金が不足している。子供は宝である。健全に育ってほしい。日頃から〝助け合い〟の気持ちがあれば、現状を見て見ぬふりをするのではなく、たとえ少額でもそうした活動に企業が資金提供をすることも必要だろう。

経営者は稼いだお金を自分のものだと思わないこと。常に社会に還元することを念頭に置いておくことが大切だ。ビル・ゲイツが資産の大半を寄付して話題になったが、私も「楽器を贈る運動」を続けていて、現在までに２０００台近くを寄贈している。「ビル」とまではいかないが「平屋のゲイツ」を目指して、これからも地道な啓発運動を続けていくつもりだ。

「シャツは980円、
腕時計は7800円」
で十分！

「究極の贅沢」とは心を豊かにしてくれることにお金を使うこと

贅沢には全く興味がない。愛用の腕時計は7800円、シャツは980円、靴は3000円、スーツは1万9900円、すべて既製品である。カレーに合わせた黄色のネクタイは東京のアメ横で見つけて気に入って、1本500円のものを19本買い占めた。

高級ネクタイやシャツのお仕立券をいただくこともあるが、だいたいそういうものはお世話になっている方たちに差し上げてしまう。お気持ちはありがたいが、そもそもおしゃれをしようという気持ちがないのである。元々、友人付き合いも夜の接待を伴う場所に行くことも皆無なので、よく見せる必要もない。

自分の贅沢のためにお金を使おうとは全く思わない。むしろ、そうすることは恥ずかしく、空(むな)しい気持ちになるからだ。**どうせお金を使うなら助け合いのために使いたい。**それは私にとって気持ちを温かくしてくれる「**究極の贅沢**」だと思っている。

世の中には、助けを必要としている人たちがたくさんいる。今後ますます増え続けると思う。だからこそ経営者や多少なりとも経済的ゆとりのある人は、ぜひそういうところにお金を使っていただきたいと強く思う。今の私のただ1つの〝夢〟は、今のざっと「10倍」の**真の助け合い社会を実現する**ことである。

経営で手にしたお金だからこそ「世の中のため」に使いたい

クラシック愛好家を増やすのも社会貢献活動のひとつ

２００２年に53歳で食堂業の経営者を引退した時、「**これから自分は何をしようか**」と考えた。25歳で喫茶店を始めてからは経営のことばかり考えて働いてきたので、引退後のことは全く頭になかった。ただ、経営者として得た私個人の資産は社会からお預かりしたものなので、**自分たちのために使うのではなく、世の中のために使おう**と考えた。そんな思いから２００３年に設立したのが「**ＮＰＯ法人イエロー・エンジェル**」である。

イエロー・エンジェルでは現在、社会福祉活動をはじめ、音楽やスポーツの分野で頑張っている人たちへの助成、留学生の支援など様々な支援活動を行っている。

また、２００７年には名古屋市中区にクラシック音楽専用のコンサートホール「宗次ホール」を作った。私は15歳でクラシックと出合い、クラシックが人を癒やし、優しくするのを実感していた。しかし、演奏者として生計を立てていくのは難しく、多くの音楽家が苦労している。そんな人たちに活動の場を提供しようというのが設立の目的だ。

同時に、ゆったりした気分でクラシックを楽しむ人たちが増えれば、社会に潤いが生まれるのではないかと考えた。そういう人を増やすのも、１つの社会貢献だと思うのである。

「ゆとり1%」の寄付から始めてみる

自分に〝いいこと〟があったら、感謝を込めて寄付をする

私が感謝の気持ちを込めて初めて〝寄付〟をしたのは、ココイチ創業の翌年のことだ。銀行で１００万円を借り、経費の支払いに当てた残りの20万円を地元の社会福祉協議会に寄付をした。その時、わずかなりとも人のお役に立てたことを喜び、〝助け合い〟の精神が芽生えた。

また、引退後、私は**「ゆとり１％」**活動なるものを提唱している。これは自分がゆとりを感じるような〝いいこと〟があれば、感謝を表す意味で、それにかけたお金の１％を貯金箱に貯め、少しまとまったら寄付するというもの。例えば、コンサートに行って楽しんできたという時に、その代金が５０００円だったとすると１％の50円を寄付するわけである。

同じように、**「ラッキー20の法則」**という活動も行っている。こちらは棚ぼたでラッキーなことがあった時に、その20％を寄付してもらうというもの。例えば５０００円の食事に招待してもらったら、その20％の１０００円をチャリティしてもらう。

今の職場である宗次ホールの事務所とかロビーにはチャリティボックスが50くらい置いてある。それぞれ「介助犬協会」「福祉施設」というように寄付先が明記してあり、お客様やスタッフが好きなところへ寄付をする。**助け合いの気持ちを実践することを社員にも奨励して、**社会貢献活動への意識を高めているのである。もちろん、各方面から大いに感謝されている。

大事なのは「できるところから、今すぐ始める」こと

何にお金を使うかで、その人の生き方が見えてくる

何かにつけ、人間の心は不純な思いにとらわれやすい。掃除にしてもなんにしても、よい行いをするとつい見返りを求めてしまう。具体的な見返りでなくても、「これだけやったのだから、何かいいことがあるだろう」とか「誰か褒めてくれないかな」などと考えたりする。しかし、そうした**損得や打算を抜きにしてよい行いをするからこそ、よい心の姿勢が作られていく**のだ。だから、いつも自分の心の姿勢がどうなのか、自問自答することが大切になる。

そうした心を作るために、私は募金や寄付を勧めている。「困った人がいたら助けたい」という気持ちは多くの人が持っているはずだが、身銭を切るとなるとなかなかできない。大事なのは**額の多寡でなく、できるところから始めること。いつかではなく、今すぐ始めることだ。**

今夜から、着替えた服のポケットの小銭を空き瓶に入れるところから、ぜひ始めてみてほしい。「あなたはお金持ちだから寄付ができるのだろう」と言う方もいるが、それは違う。たとえ莫大な財産を持っていても、その気がなければしないものだ。**お金の使い方には、その人の価値観が現れている。**心の習慣を「他者本位」にすれば、人も助かるし喜んでもくれる。自分も心の満足が得られて嬉しい。寄付や募金を通じて、ぜひそれを体感してほしい。そんな意識が社会全体に広がり、やがて今の10倍の寄付社会となることを私は願っている。

「他人」に求めるのではなく、「自分」に求める

損得や打算なしで続けると「徳」が得られ、よい生き方ができる

「与える」は「求めない」にも繋がる。私が長年、早朝の街路清掃を続けてきて思うのは、掃除は即効性がないので、10年単位で見てようやく成果が見えてくるようなものだということ。だから行いたがる人は皆無だし、たとえ始めても続けられる人はやはりゼロに近い。私のいくつかある日本一のひとつが街の清掃だ。年間360日、700時間。今もなお続けている。

実行している間に損得や打算があっては、だめなのだ。掃除をしても報酬が得られるわけではないし、誰に認められるわけでもない。しかし、**損得や打算なしで続けていれば、結果として「徳」が得られる。**これは寄付や募金も同じである。見返りを求めずに少しでもできることを行うことで、心が高まり、よい生き方の姿勢が作られていくのである。

私自身は、他人に「何かしてくれ」と求めたり、「これを手に入れたい」といった自分自身の欲は少なかった。ただ、接客する中で「お客様に満足していただこう」という気持ちから自分自身に求めることは多かった。そうしないではいられないから、していたのだ。

他者に求めず、自分に求める。そうすると、無心でやっていけるようになる。そして、それを実行し続けると、少しずつ、とらわれのないよい心になれる。すると、部下に厳しいことを言う時でも、公明正大な気持ちで「悪いことは悪い」と言えるようになるのである。

すべては
「共存共栄」の精神で

自分だけ得しようとすれば、必ずうまくいかなくなる

「どちらかが得して、どちらかが損する」といったアンバランスな関係では何事もうまくいかない。こちらにとっていいことは、相手も同じように享受できるように配慮することが大切なのだ。それがうまくいくと**お互いの信頼のパイプが太くなる**。

ましてやココイチは本部と加盟店といった関係で行う商売だったから、なおさら信頼のパイプを太くする必要があった。自称〝筋金入りの三流経営者〟でも会社を発展させるには、双方が信頼に応え続ける以外にないという思いであった。

フランチャイズビジネスでは、本部はどこでもたいてい加盟店とは共存共栄を打ち出している。それは唱えるだけではダメで、実践しなくてはいけない。実践すれば必ずうまくいくに決まっているのだが、加盟店の中には本部ばかりが利益を上げて自分たちは割を食っているのではないかという思いにいたる人もいる。そういう思いが膨らんでくると、加盟店が勝手な行動をしたり離反するなど、必ず問題が起きてくるのである。

この世の中はすべてバランスが重要である。バランスが崩れると、いろいろな面でお互いにとって好ましくない状況が生まれる。だから特に力を持っている側は、共存共栄の精神を持って相手によくあるように努めることだ。これは、ビジネスに限らない成功の原理だと思う。

「心の姿勢」がよくないとよい人生は送れない

自分の楽しみより、人のために汗をかこうという姿勢が大事

心の姿勢とは、行動も含めた生き方そのものをいう。**真面目、誠実、感謝の気持ちがないと人生はうまく運ばない**。言うまでもなく、自分ひとりで生きていけるわけではないからだ。社会のために、社員のために、お客様のために……と、自分を支えてくださる人たちに思いを馳せることができないとすれば、なかなかよい人生にはならないと思う。

経営者も各々だが、私は**自分の個人としての欲求を満たすことを優先する生き方はしたくない**。私自身は、経営以外で社会に何も貢献せず、自分さえよければという生き方をするのは寂しいし、空しいという気がするのである。もちろん、どう考えるかは人それぞれ自由だが。

引退後に設立したNPO法人イエロー・エンジェルでは、早朝から掃除と花植えを行っている。花の植え替えや手入れ・水まきを毎日行うので、何時間あっても足りない。花代だけで年間に数百万円もかかる。しかし、町が花でいっぱいになれば行き交う人の心も穏やかになるのではないかと思い、毎日3時55分起きをして続けている。

始めるより続けるほうが難しいけれど、継続すれば必ず成果は出ると私は信じている。**大事なのは、すぐに成果を求めたがらず、人のためにお役に立ちたいと思う心の姿勢**である。

引退後の人生は「人のため、地域のため」をテーマにする

経営者を早期引退したからこそ得られた心の満足

経営者としての人生は、自社の発展のために身を捧げることだ。経営者が創業以来誰よりも夢中になって、人々の期待に応えようと常に感謝の気持ちを持って身を粉にして働いてきたとすれば、それなりの実績と財産を手にすることができるだろう。何よりも会社の将来を託すにふさわしい後継者という最高の財産に恵まれることになる。その時は、思い切って経営を後継者に任せればいい。そして**自らは役員に残らず、潔く身を引く**ことをお勧めしたい。そして、それから後は経営には一切口を挟まない。それがお互いのため、会社のためである。

私は53歳の時に、まさにそのようにして経営者を引退した。その日まで引退後の人生についてけ何も考えていなかった。だが、すぐに**引退後の人生は、**経営を続けさせていただいたことに感謝し、**「人のため、地域のため」に少なからずお役に立ちたい**と考え、福祉・支援活動を始めた。その結果、私は**言いようのない心の満足を得ることができた。**これこそが一番の幸せだと改めて気づいた。気力・体力が充実している50代でリタイアしたからこそ、そんな幸せをより深く味わえたように思う。

今後の人生も、笑顔と感謝で歩み続けたいと、今朝も早朝3時55分に起きて、2、3時間の街の掃除に幸せな汗をかいてきた。

おわりに　今こそ「経営者の社会的役割」が問われている

今回のコロナ騒動が私自身の日常に与えたいちばん大きな影響といえば、予定されていた講演会がすべて中止になったことである。移動の自粛で東京にも大阪にも行けず、2か月以上、名古屋から出ていない。代わりに、その空いた時間を使って、ココイチ時代のみならず、それ以前からの資料が入った段ボール箱を紐解いて整理を始めた。私にとっては、人生を振り返るまたとない機会になった。

講演が中止になる一方で、「NPO法人イエロー・エンジェル」の活動の1つである町の花植えは継続している。何があっても花だけはちゃんと咲かせたいと、天候にかかわらず、毎朝5時半から9時前後まで3時間半ほどかけて花の管理をしている。資金繰りなどの問題を抱えている経営者が多い中、ある意味、暢気に活動をさせてもらっている。

ただ、暢気に構えていられないこともある。それは「宗次ホール」の運営や演奏家たちの支援である。ニュースなどで盛んに報じられているが、コンサートやイベント、舞台などが全く開けないため、文化芸術にかかわる人たちの多くが瀬戸際に立たされている。大規模な交響楽団も仕事がなくなっているため、契約している団員さんたちの中には数万円の固定給のみの人も多くいるという。

人がたくさん集まることはだめだとなると、自粛がある程度解かれても、今までのように会場を満席にする努力ができない。これでは事業は成り立たない。「宗次ホール」は定員が３１０人だが、仮に前後左右1席ずつ空け、舞台近くの席も空けるとすると、１５０人程度の集客しかできない。チケット代を倍にできるわけでもなく、そもそも満席になっても事業として収支が合わないという商売だから、どうやっても採算はとれない。コロナが収束すれば、以前の状態に戻せるとは思うが、それまでどうやって凌(しの)いでいくかは頭の痛い問題である。

アイドルのコンサートやスポーツのイベントなども大変だろう。開催できれば収益は確実に上がるだろうが、大人数を動員して開催できるようになるのはかなり先の話になりそうだ。文化芸術スポーツなどに関する活動は、興味のない人には、それこそ不要不急だろう。「ＹｏｕＴｕｂｅや動画配信サービスで十分」という人も多いかもしれない。そういうライトなファンが、コロナ後にますますコンサートやイベントから離れていく可能性もある。すると、ただでさえ現状維持を保とうと必死になっている業界は、ますますジリ貧になってしまうだろう。

そういう未来を悲観して、活動に見切りをつける音楽家やアーティストが出てくることも心配である。実際に大学を出た30前後ぐらいの若手音楽家は、収入の道が断たれてしまっている。そんな状態で音楽を続けていくのは大変な苦労だろう。

だからこそ、私は強く言いたいのである。こういう時こそ、文化芸術を積極的に援助しようという経営者に出てきてほしい、と。文化芸術の意義に理解を示して、ポンとお金を出してくれるような助け合い精神にあふれた経営者にどんどん出てきてほしいのである。特に今は寄付とかチャリティではなく、本当の助け合いが必要な時期である。

私も早速、音楽を学ぶ在京の音大の学生に1人3万円の生活支援を申し出た。120名を超える方から申請があったので、すぐにお金を送った。その後も同様に都内や地元名古屋の大学など何校かで同じような支援活動を行っている。政府も1人10万円の支給を決め、各大学も5万円前後の緊急支給を始めるところが出てきたが、今は食べるにも困っている学生がたくさん出てきている。苦労することも時には大切だが、それが何か月も続くのはさすがに厳しい。だから、彼らを直接的に助ける支援が必要なのだ。

また、生活困窮者への様々な援助も同様に進めている。

こういう支援活動は、社会を変えるきっかけにもなるはずだ。援助を受けた側には、自らの体験を下敷きに、社会的格差を少しでも埋めていきたいという気持ちが芽生えるかもしれない。それは未来の社会を考えるために、とても意義あることだと思う。

私がこうした助け合いの寄付活動をあえて口外するのは、より多くの経営者にも気づいてほしい、あとに続いてほしいという思いに他ならない。

私は高校1年の時にクラシックと出合ったが、当時は音楽に癒されるということが何度もあった。真冬に寒さに震えながら、真っ暗な部屋で1人、テープレコーダーを回してクラシックを聴いていた。あの時は音楽があって本当によかったと心の底から思ったものだ。そういう経験をしたからこそ、いつの日か音楽に対して恩返しをしたいと思うようになったのである。

あとになって振り返った時に、コロナ禍で人生が大きく変わったという人がたくさん出てくるに違いない。私自身、改めて人生を振り返って思うのは、常に前向きで、感謝の気持ちを持ち、自分の関わる活動を発展させるために努力することの大切さだ。自らの欲求を満たし、面白おかしく日々を送るのもいいが、社会に目を向け、その発展のために力やお金を蓄積することも必要だと思う。

そういう生き方の転換を図るには、今はグッドタイミングといえるだろう。反省するべき点があれば素直に反省し、経営者であれば、これから先の目標・夢を追い続けていく契機としていただきたいと思う。大事なのは終息した後である。どんな姿勢で生きるのか、一人ひとりにそれが問われることになるだろう。いい再スタートが切れるように、今のうちから知恵を出して、自らの姿勢を正していきたいものだ。

本書にも書いたように、天下一品の三流経営者の私がこうしてやってこられたのは、経営に対する姿勢がよかったからだと思う。これは本人が言うのだから間違いない。いっとき儲けるだけならばいろんな方法があるが、長きにわたって発展しようと思えば、景気のよしあしに関係なく、どんな時代でも姿勢を正すことが大事なのだと思う。それはさほど難しいことではなく、感謝の思いが少し強くあれば可能なことなのだ。

同時に、経営は経営者の才覚だけでできるものではないことを理解する必要があるだろう。事業の発展は、周囲の支えなしにはありえない。事業だけではない。生きていくということ自体が、支え合い、助け合いなのだ。

私は私生児として生まれ、長い間、極貧生活を送ってきた。しかし、幼少時にそうした経験をしたからこそ、周りの方たちのおかげによって生きていることを強く感じることができた。そういう思いを抱いていたからこそ、53歳で経営から身を引いた時、地域の皆さんに自分のできることで恩返しをしていきたいと考えたのである。「NPO法人イエロー・エンジェル」や「宗次ホール」を作ったのも、その一環である。

社会によって儲けさせていただいたものは社会にお返ししていく――これは経営者として当然の姿であると私は考えている。

山あり谷ありの人生だったが、そうした中でも少しずつ成長できたことに感謝をしたい。そして今までのお返しができるような境遇を、えたことをとても幸せに感じている。

最後に、本書を読んだ1人でも多くの経営者の皆さんが事業に成功し、後悔の少ない感謝と幸福に満ちた人生を歩まれんことを切に願っている。

宗次德二（むねつぐ・とくじ）
カレーハウスCoCo壱番屋創業者。1948年石川県生まれ。74年喫茶店開業。78年カレーハウスCoCo壱番屋創業。82年株式会社壱番屋を設立し代表取締役社長に。フランチャイズシステムを確立させ、国内外の店舗で1400店を超え、ハワイや中国、台湾など海外へも出店し現在も拡大中。2005年5月に東証一部上場。1998年代表取締役会長、2002年役員退任。03年NPO法人イエロー・エンジェル設立、理事長就任。07年クラシック音楽専用ホール「宗次ホール」オープン、代表就任。

独断

宗次流 商いの基本

2020年10月16日　第一刷発行

著　者　宗次德二
発行者　長坂嘉昭
発行所　株式会社プレジデント社
〒102-8641 東京都千代田区平河町2-16-1
平河町森タワー 13F
https://www.president.co.jp　https://presidentstore.jp/
電話　編集（03）3237-3732
販売（03）3237-3731

編集協力　ランカクリエイティブパートナーズ
構　成　柏木孝之
オビ撮影　原 貴彦
編　集　渡邉 崇
販　売　桂木栄一　高橋 徹　川井田美景　森田 巌　末吉秀樹
装　丁　秦 浩司（秦浩司装幀室）
制　作　関 結香
印刷・製本　凸版印刷株式会社

ISBN978-4-8334-2384-7
Printed in Japan